U0635916

遼寧省圖書館藏陶湘舊藏閔凌刻本集成

孫子參同·兵垣四編·呂氏春秋·淮南鴻烈解

遼寧省圖書館 編

3

中華書局

第三册目録

兵垣四編四卷附二卷（附）

（明）臧懋循、閔聲　編
（明）湯顯祖等　輯評
（明）閔暎張等　參閲

明天啓元年（一六二一）閔氏刻朱墨套印本

九邊圖論小引

九邊圖論九篇乃許恭襄公應

詔條陳之石畫也起自遼薊宣大以及延寧固原甘肅等邊於凡山川之險易虜勢之盛衰城堡之修廢將領之賢否糧餉之盈縮一一得於聞見參於稽考傳於父兄八千餘里之形勢了然在目今歷數十年來各邊地勢情弊雖因革損益不同然能依此究心則自能

知備禦之道是在北鄙將帥得人而已圖論具後

世德堂主人識

經文緯武何所不可

便有登車攬轡之思

九邊圖論引

兵部尚書靈寶許論著

故鄣臧懋循參閱

先襄毅公白首邊陲勳在
王國貽謀緒論論自髫年猶及聞之既束髮頗厭章句見大人遺弓敝幕則欣然有懷故疆場之事多所討論當時氣盛謂宣力
國家持戈建功名無不可者日月不居倏爾四

此正用武之地可稍展驥足也

真才自不可掩

十引弓試馬精力頓減自分無聞久矣不復言天下之事矣去歲移官職方復涉戎務每及利害可否之際不容中默閒中乃攟拾舊聞參以時宜著邉論九篇雖不足以當經濟之業亦可以廣機權之變卷而藏之用紓壯年之志顧封疆延袤山川險易道里迂直城堠蹤密據形審勢計利制勝非圖莫見也於是乎復作九邉圖

九邊圖論目錄

榆林論延綏二邊在此

寧夏論

甘肅論

固原論

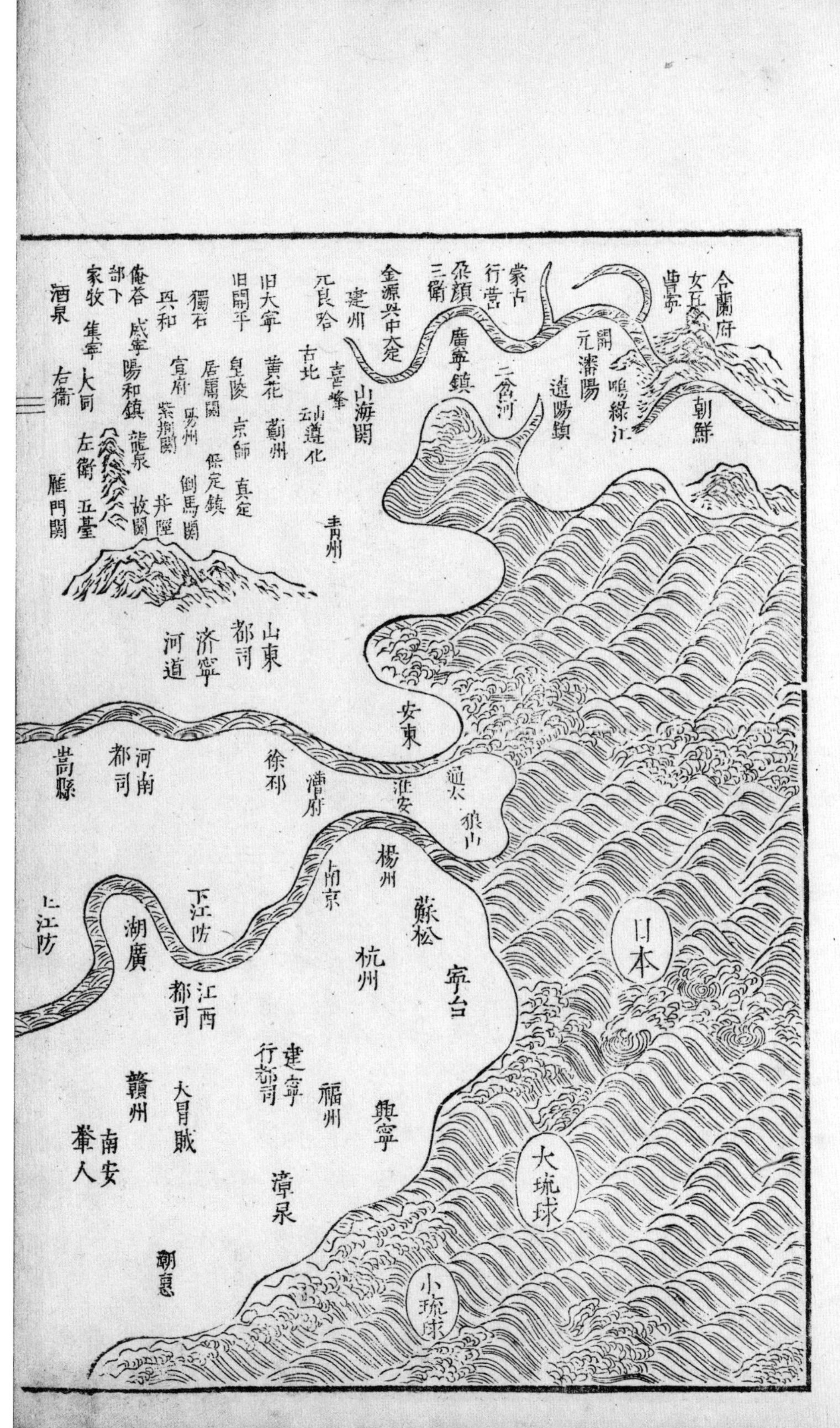

合蘭府
女直
朝鮮
鴨綠江
開元
瀋陽
遼陽鎮
三岔河
廣寧鎮
蒙古
行營
朶顏
三衛
金源
興中
大定
建州
元良
山海關
喜峯
古北
遵化
薊州
旧大寧
黄花
京師
真定
保定鎮
旧開平
皇陵
居庸關
獨石
宣府
紫荊關
倒馬關
興和
龍泉
井陘
故關
俺荅
咸寧
陽和鎮
部下
家牧
集寧
大同
左衛
五臺
雁門關
酒泉
右衛
青州
山東
都司
濟寧
河道
安東
河南
都司
嵩縣
徐邳
漕府
淮安
通太
狼山
揚州
南京
蘇松
杭州
下江防
上江防
湖廣
江西
都司
寧台
日本
建寧
行都司
福州
興寧
贛州
大帽賊
南安
漳泉
大琉球
小琉球
潮惠

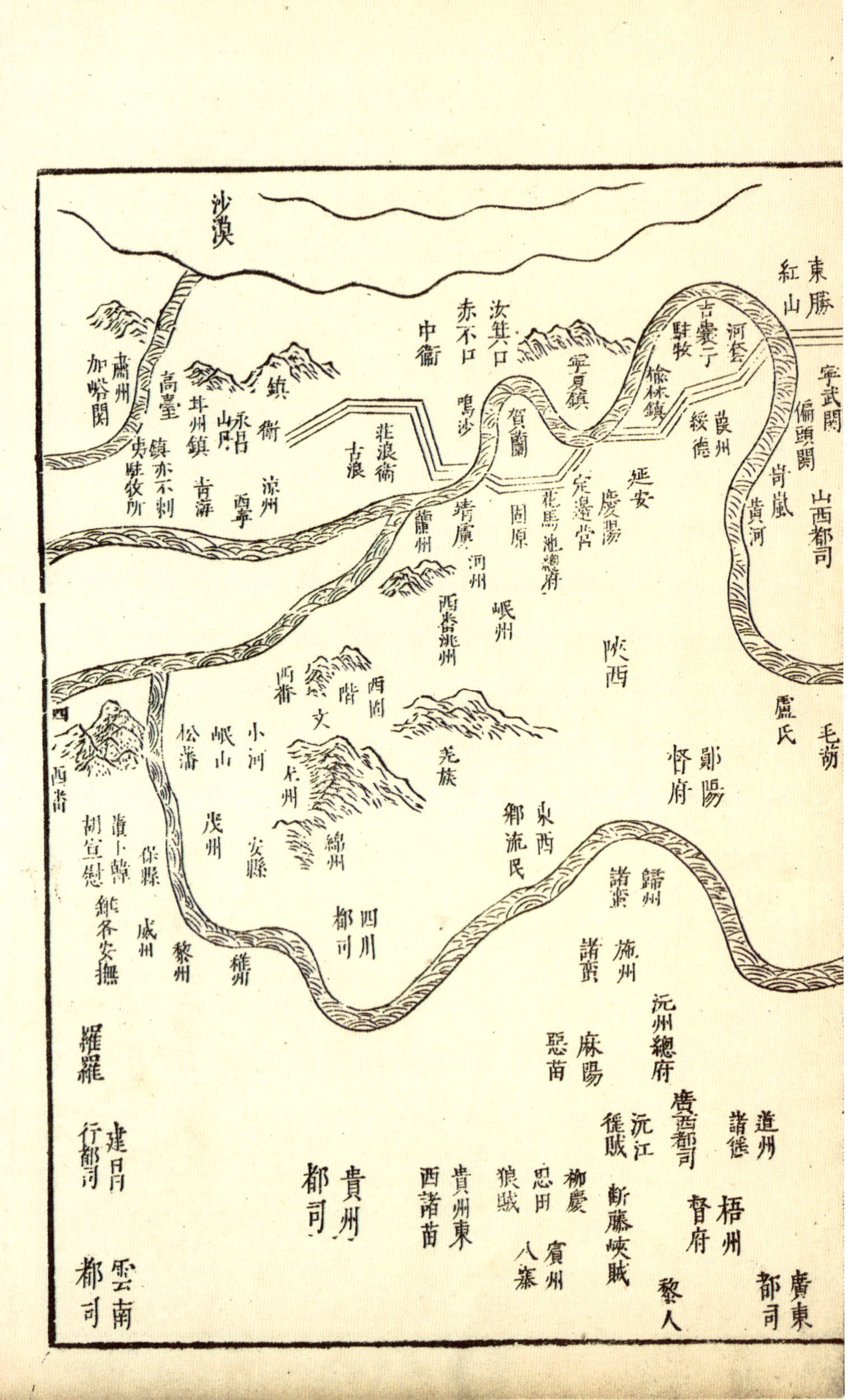
沙漠
東勝
紅山
河套
吉囊二
駐牧
榆林鎮
寧夏鎮
汝其口
赤不口
中衛
鳴沙
賀蘭
莊浪衛
古浪
鎮
衛
肅州
加峪關
高臺
山丹
涼州
西寧
青海
鎮亦不剌
寧武關
偏頭關
岢嵐
山西都司
黃河
葭州
綏德
延安
慶陽
定邊營
花馬池總府
固原
靖虜
蘭州
河州
岷州
西番洮州
陝西
西番
階
文
西固
松潘
岷山
小河
茂州
安縣
綿州
羌族
盧氏
毛葫
鄖陽
督府
東西
鄉流民
四川
都司
歸州
諸蠻
施州
諸蠻
沅州總府
麻陽
惡苗
廣西都司
沅江
猺賊
道州
諸猺
梧州
督府
斷藤峽賊
柳慶
思田
賓州
八寨
狼賊
貴州東
西諸苗
貴州
都司
廣東
都司
黎人
保縣
威州
黎州
雅州
羅羅
建昌
行都司
雲南
都司

突起頭角崢嶸宛如虎踞龍蟠

盛時安邊大略如此

九邊總論

國家驅逐胡元混一寰宇東至遼海西盡酒泉延袤萬里中間漁陽上谷雲中朔代以至上郡北地靈武皋蘭河西山川聯絡列鎮屯兵帶甲六十萬據大險以制諸夷全盛極矣初設遼東宣府大同延綏四鎮繼設寧夏甘肅薊州三鎮專命文武大臣鎮守提督之又以山西鎮巡統馭偏頭三關陝西鎮巡統馭固

遼東不便內通恐聯屬爲無益當重專制之權

原亦稱二鎮遂爲九邊弘治間設總制於固原聯屬陝西諸鎮嘉靖初設總督於偏同聯屬山西諸鎮又設總督於薊州聯屬遼東鎮戍益嚴密焉然自大寧未弃遼東宣府大同勢相連屬自偏頭關逾河跨西北大虜之警守在東勝河套之南又有榆林實相犄角後弃大寧移置都司於保定而宣府遼東勢始分矣正統以來有司又失守東勝大虜仍得

套虜之防日不暇給安得玩愒

因調操之弊實生按伏之奸回

逾河而偏頭關迤西遂有河套之虞因循既久有司又不肯以時廵套東勝之鎮併近內地形勢愈弱於是所賴以衛

京師防邊虜者不過遼東宣府大同榆林四鎮而已夫四鎮所領各堡亦有精壯苟足其糧餉守備等官勤加廵哨爲之牽連援救自足以各守地方督率耕牧從古備邊之道也今則撫臣假調操以自固將帥假按伏以爲奸

咎則在撫臣不在將帥也

積漸之餘一時弊難盡革惟督率耕牧最爲切務也

擅用徵調便有强弱不均之病

攻守無策而偸惰相襲文法太密而巧避益多斥堠不立而勇敢未倡功賞不明而激勸毎爽地方屢失糧餉屢乏之實此之故矣今惟痛革其弊堅壁固守勤加巡哨爲耕牧長計而無狃近利乃可爲也其治蠻夷之道則在率土著良民得以自相守望一或不支爲之連屬附近地方策應之如湖廣之永靖廣西之狼兵置之不復徵調民足相處兵不毒民

無貪功之文臣無貪利之武將則邊鄙晏然矣

據形勢將要害究利病通權變幾希則見萬里之外

〇一六

按遼東古曰遼陽自唐太宗征遼以及五代梁初歷宋皆有郡縣後淪于遼金元我朝受命始設鎮

遼東都司領衛二十有五所十一關二營堡一百附郭為定遼中左右前后東寧衛其餘俱于外列

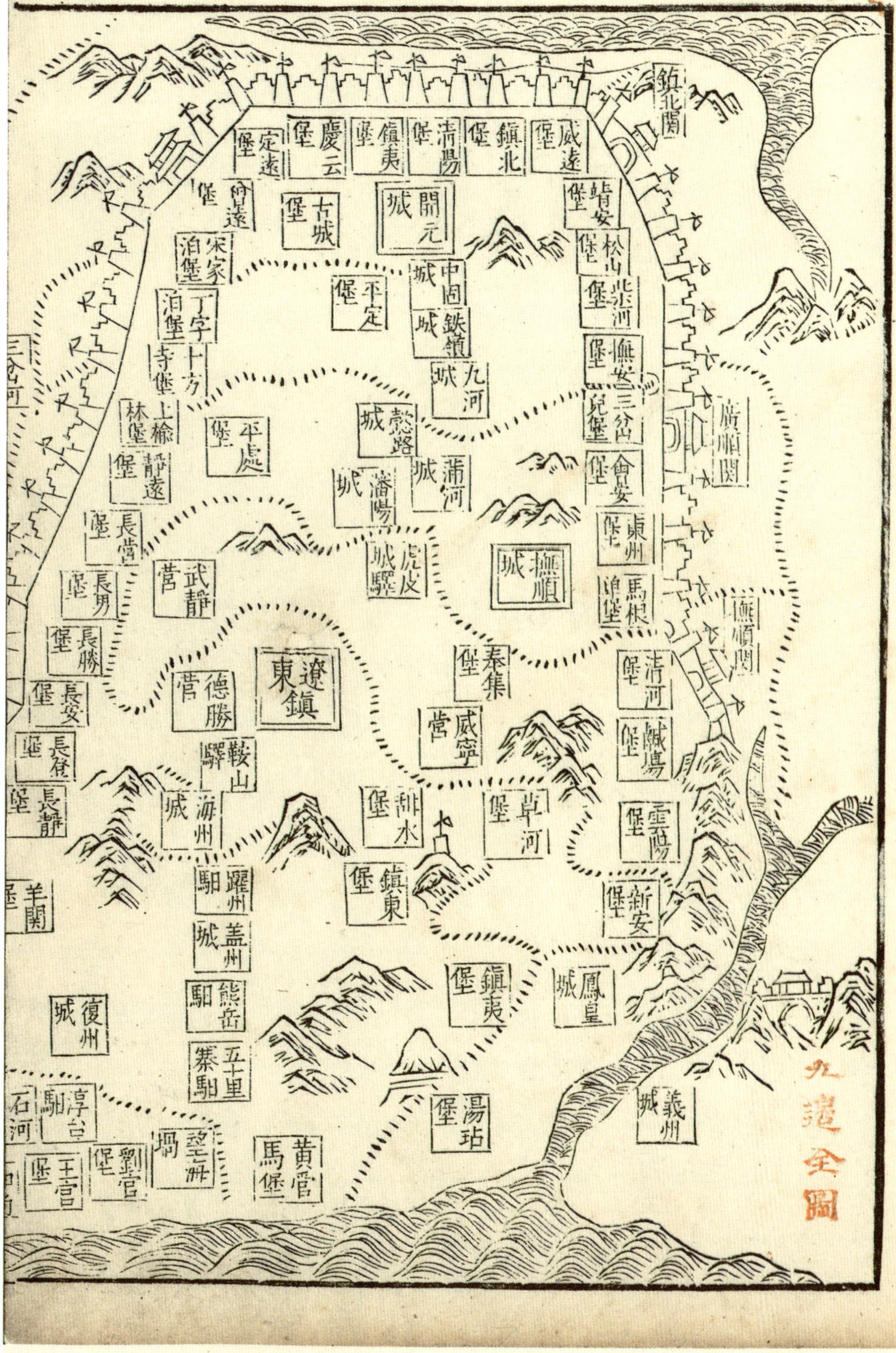

鎮北關
威遠堡
鎮北堡
清陽堡
鎮夷堡
慶云堡
定遠堡
開元城
古城堡
靖安堡
松山堡
柴河堡
撫安堡
三岔兒堡
會安堡
東州堡
馬根單堡
廣順關
撫順關
宋家泊堡
丁字泊堡
十方寺堡
上榆林堡
靜遠堡
長營堡
長勇堡
長勝堡
長安堡
長寧堡
長靜堡
三岔河
平定堡
中固城
鐵嶺城
九河城
懿路城
平虜堡
蒲河城
瀋陽城
虎皮驛城
撫順城
武靜營
遼東鎮
奉集堡
德勝營
清河堡
鹻場堡
威寧營
鞍山驛
海州城
甜水堡
草河堡
靉陽堡
鎮東堡
新安堡
羊關堡
耀州驛
蓋州城
鎮夷堡
鳳凰城
熊岳驛
復州城
五十里寨驛
湯站堡
義州城
淳台驛
石河
望海堝
黃骨馬堡
劉官堡
王官堡

九邊全圖

錦州義州寧遠等五衞。亦是以西類廣寧。

鎮邊堡
鎮夷堡
大清堡
大寧堡
團山堡
太平堡
大康堡
大安堡
大定堡
廣寧城
鎮靜堡
鎮遠關
義州城
鎮安堡
閭陽驛
十三山驛
盤山驛
戚家庄堡
錦州城
大凌河所
大茂堡
大勝堡
大鎮堡
大福堡
大興堡
鎮邊堡
右屯衛城
小凌河驛
松山所城
鎮寧堡
鎮武堡
西興堡
杏山驛
水口所城
中左所城
連山驛
西平堡
三岔河關
西寧堡
寧遠衛城
曹庄驛
東關驛堡
中右所城
中後所城
沙河驛堡
前屯衛城
高嶺驛堡
中前所城
小團山堡
仙靈寺堡
黑庄窠堡
錦川營堡
新興營堡
平川堡
水廠驛
南關鋪
紅嘴營堡
旅順口北城
海口堡
孤山堡
旅順口南城
金州城

又按全遼地方東西千餘里南北一千六百里三面瀕夷一面阻海特山海關一線之路可以內通
星星谷
水門寺
城子谷
黃家口
大毛山口
小毛山口
平頂谷
柳河堡
娃娃谷堡
兒谷堡
無名口
長谷營
長谷口
小河口
柔岔
關
無口谷
井泉堡
義口院堡
溫家
石門寨營
平山營
黃土嶺
土嶺營
西陽口
大安口
駙馬寨
榆關馬馹
遷安馬馹
三道關
旱門關
山海關
南水關
南海口關
牛頭堂營

按國初東至山海關。西至黄花鎮。設分守參將五員于燕河營等五處。分拼薊鎮。設守備都指揮五員于永平等五處。分管衞所。又設總兵官一員于三屯營。總鎮。司禮藏寮兵。因右多設監。中間不無觀望。至嘉靖十八年始復旧制。更相防守。

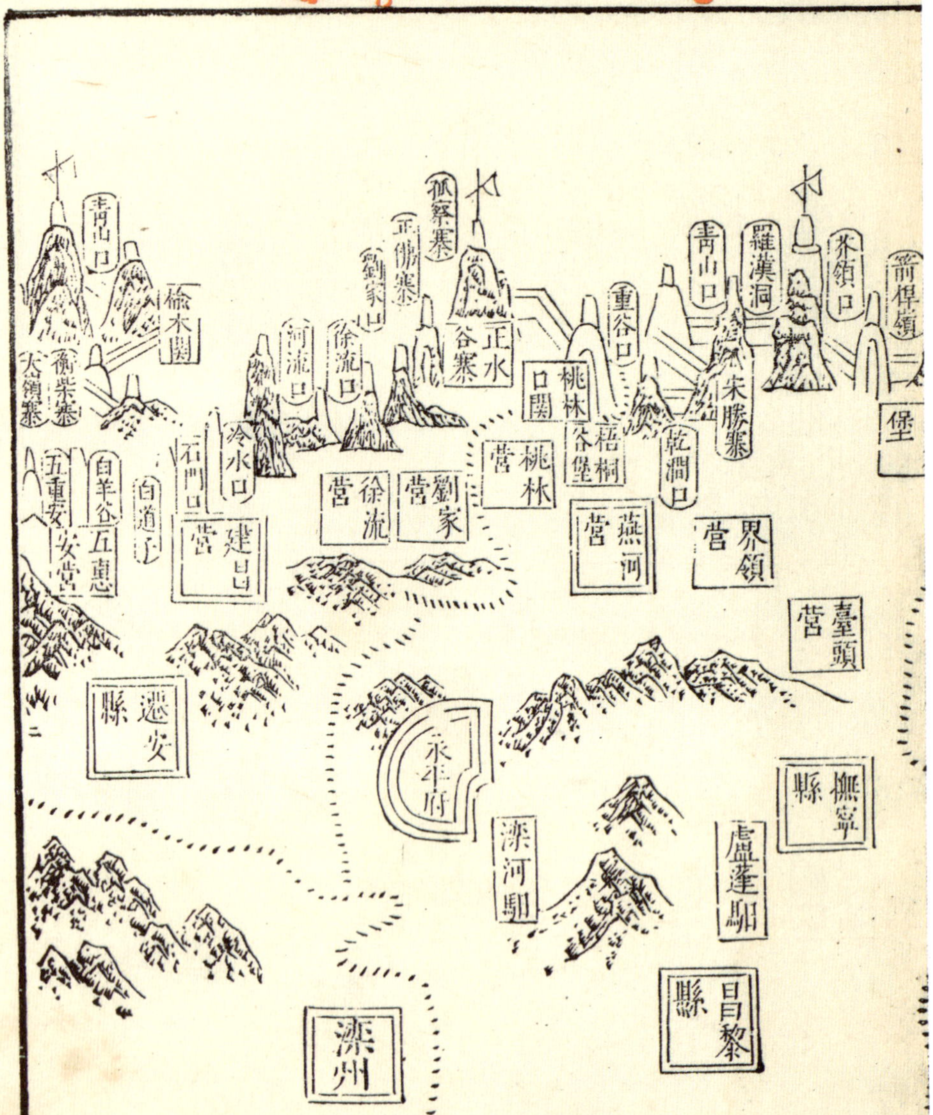

此大寧都司所屬今
朶顏三衛夷人住牧

龍井兒
山臺寨
西常谷
古城馹
鉄門
遊鄉口
章家口
椽搠寨
谷寨
家家
潘家口
東韋谷
洪山口
漢兒
庄営
三道寨
白東
谷寨
小峯口
大峯口
石子谷
木谷寨
李家谷
営
灤陽
沙嶺
寨
驰驛
寨
青山
営
城子嶺
洪谷口
新開嶺
太平
営
馬蹄谷
捨身臺
寨
大勝
蔡家谷
于家谷
羅文谷
茴兒寨
秋科
谷寨
堡
刁山
松棚
谷営
關亭寨
石崖
沙皮
谷営
羅文
谷営
三屯
営
遵化
縣
遵化馹
灤陽馹
截殺
手営
遵化
鉄冶
家領
馹
豐潤
縣
義豐
馹
開平中
屯衛

陜薊州枕衛京師
密邇陵寢心之地
邊特重三屯營居中
是爲本邊重鎮東至
山海關三百五十里
西至黃花鎮四百五
十里

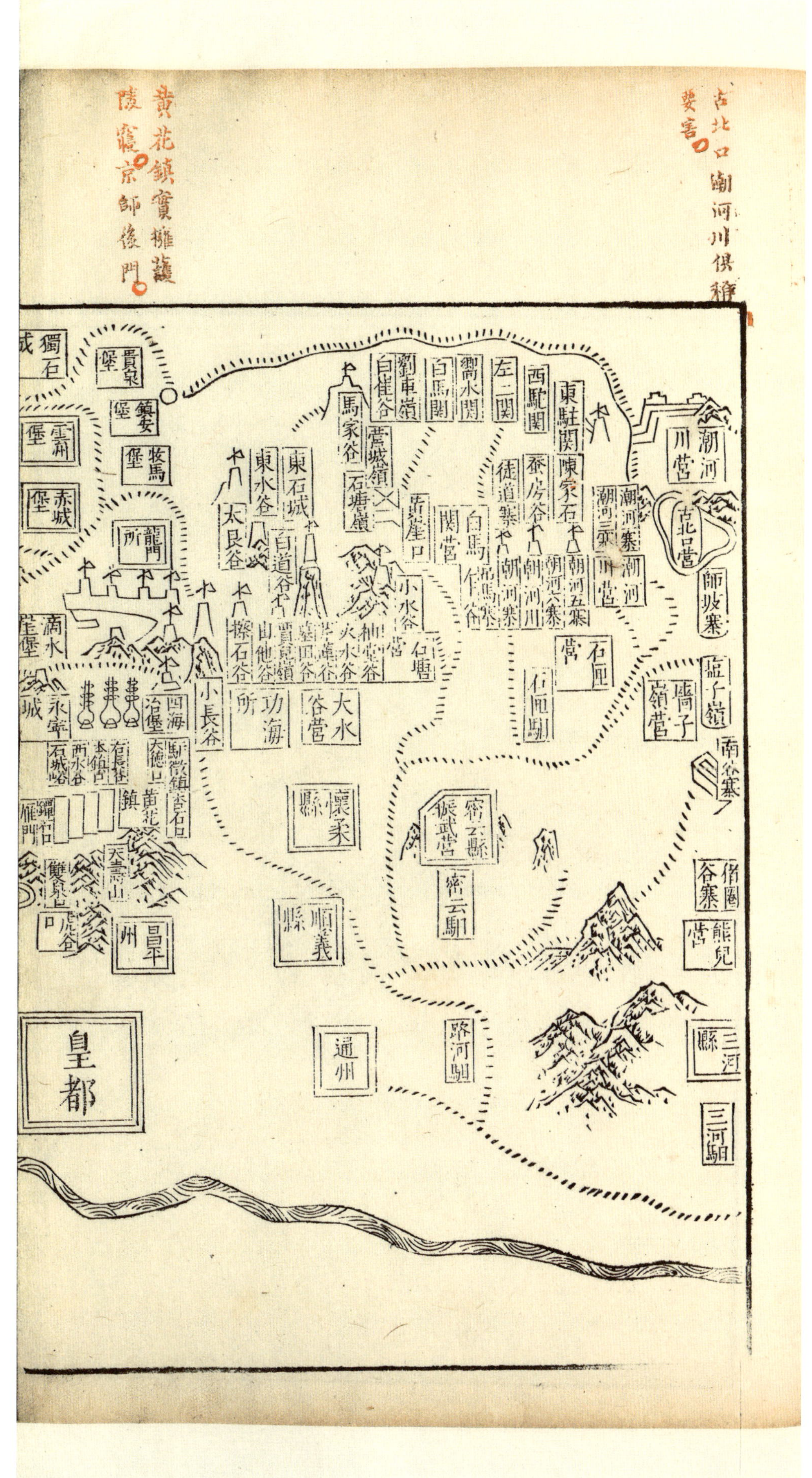
古北口潮河川俱稱要害
黃花鎮實擁護陵寢京師後門
獨石
貫泉堡
鎮安堡
雲州堡
牧馬堡
赤城堡
龍門所
滴水崖堡
永寧城
四海冶堡
劉車嶺
白崖谷
白馬關
潮水關
左二關
西駝關
東駝關
陳家石
馬家谷
營城嶺
石塘嶺
東石城
東水谷
太良谷
白道谷
小水谷
石塘
大水谷營
功海所
小長谷
懷柔縣
順義縣
昌平州
密云縣
振武營
密云驛
通州
路河驛
潮河川營
古北口營
潮河寨
師姑寨
橋子嶺營
南谷寨
熊兒營
三河縣
三河驛
黃花鎮
天壽山
皇都

此一帶有北虜酋酋哈喀尔嗔三部住牧與朶顏諸夷為隣入寇無常。

宣府天論于虞秋自國朝驅逐胡元始置萬全都司遂為翊方一巨鎮焉其地東據黑山南距紫荊西據松兒嶺北據西萬山東南距居庸西南盡

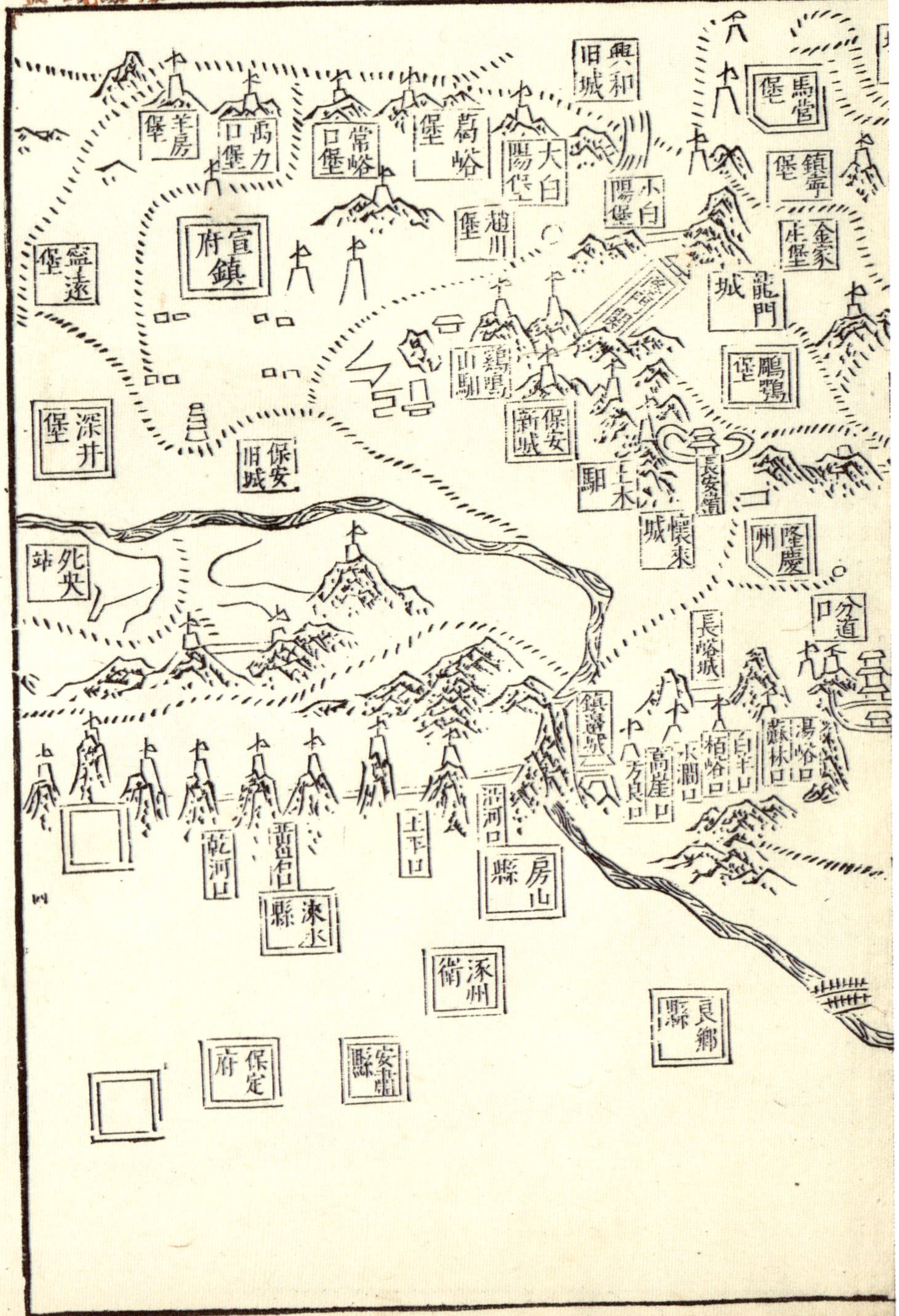

順聖川西北距德勝口距野狐嶺東北據獨石廣四百七十里延袤八百六十五里
長勝堡
新河口堡
洗馬林堡
新開口堡
萬全右衛
張家口堡
浪口堡
柴溝堡
萬全左衛
白羊口堡
陳家堡
西陽河堡
天成城
枳兒嶺
懷安城
白登
順聖西城
順聖川東城
廣陵
蔚州衛
廣昌城
龍泉關
吳王口
阜平縣
鷄子溝口
茶林口
白石口
黃土嶺
東谷口
滿城縣
曲陽縣
唐縣
完縣
定州
新樂縣
真定府
獲鹿縣
元氏縣
贊皇縣

以一帶有北虜哈喇嗔哈連二部住牧俱在宣大邊外。時入爲患常。

偏頭寧武雁門。自西延東。三關並列。西盡黃河東界。東抵大同

陽和城
大同鎮
聚落堡
千里鎮堡
迎恩堡
石佛堡
高山堡
懷仁縣
馬邑縣
山陰城
應州城
渾源城
靈丘縣
乱石堡
駱駝堡
天井堡
馬蘭口
胡峪口
水峪口
大石口
小石口
北樓口
大安鎮堡
沙澗驛
平刑嶺口
代州
繁峙縣
五臺縣
北臺
中臺
東臺
西臺
南臺
盂縣
平定州
井陘縣
樂平縣
平山縣
五

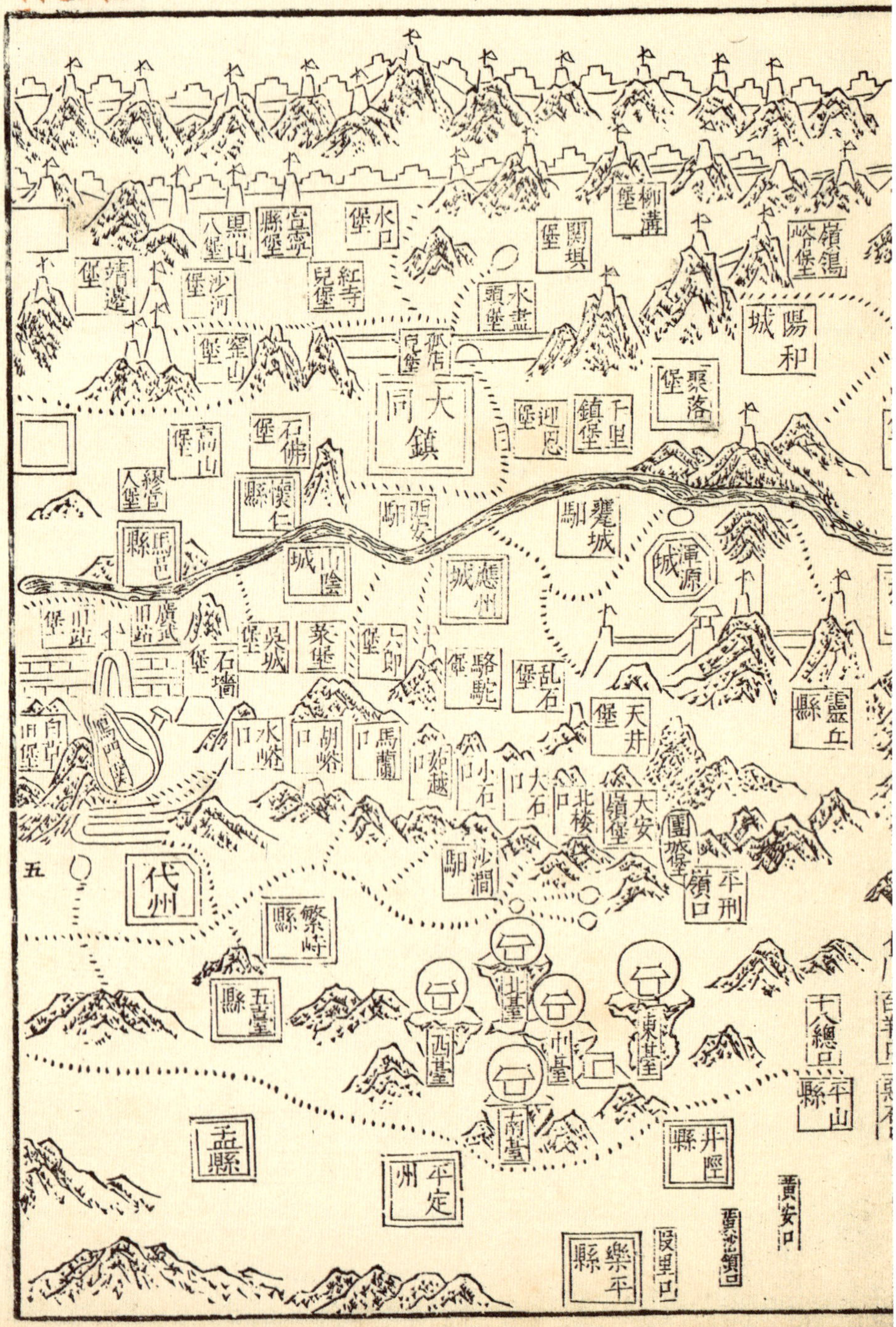

西路非惟山西要害，而畿輔之地亦與有安危，故三關彊域所係非輕也。

兎毛河堡　天橋兒堡　大同右衛　楊欽山堡　牛心堡　王忠官堡　黃家山堡　紅門臨堡　水泉營堡　小營兒堡　八柳樹堡　老營堡　防河堡　平虜城　威遠城　井坪城　長林堡　井溝堡　嚴備鎮堡　和民堡　刘千戶所　上棚城　神池堡　朔州城　黃花堡　陽方堡　寧文堡　寧武關　大河堡　八岔堡　小蓮花堡　柳樹堡　永安堡　太和嶺口　水動口　玄關口堡　陽武　湯溪谷堡　陽明堡　崞縣　忻口　忻州　太原府　榆次縣　徐溝縣　太谷縣

已上三關要害雖同。偏頭逼近黄河，其勢尤為難守。

此是東勝衛舊址，正統以前猶守之

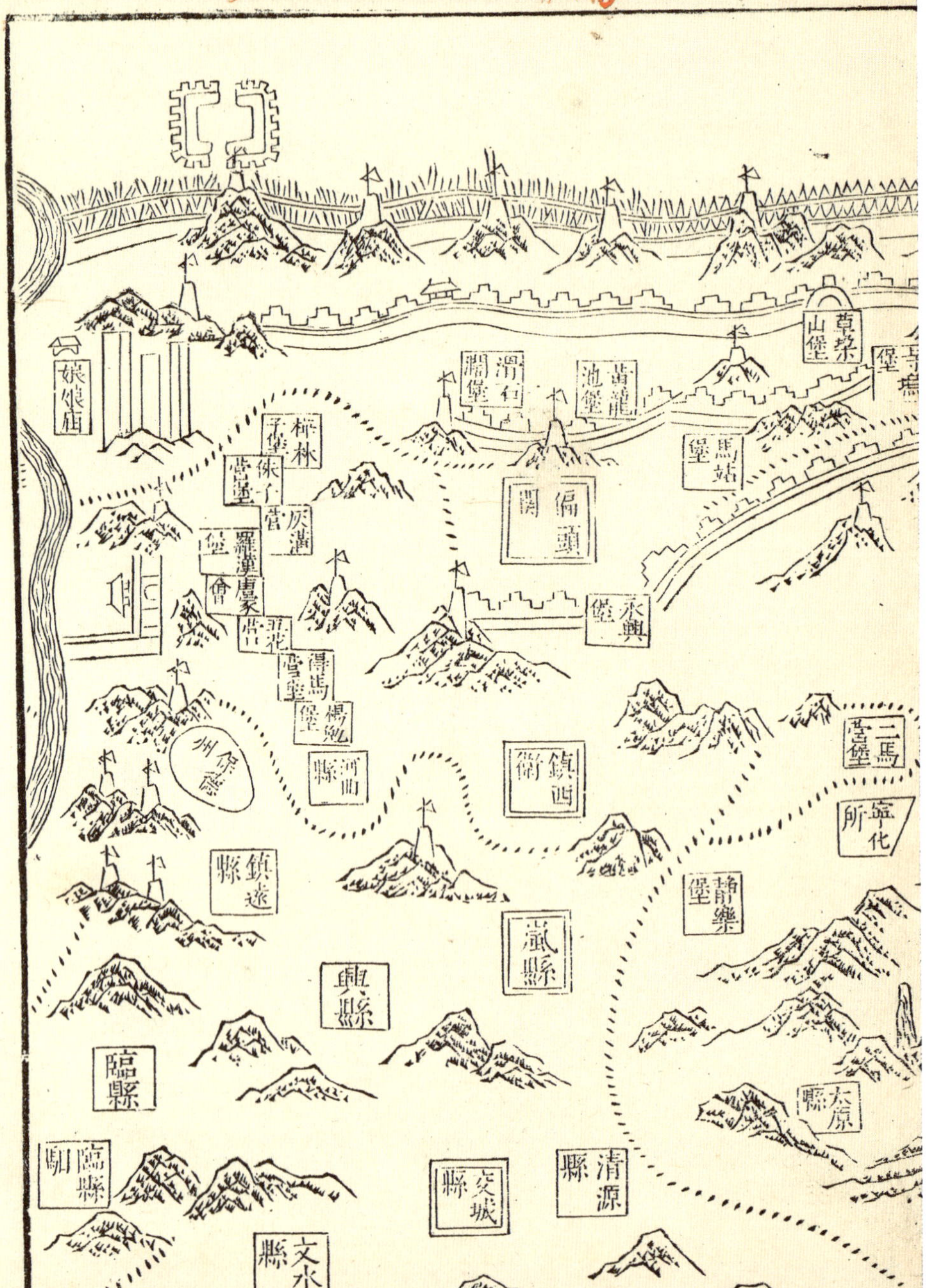

娘娘廟
滑石澗堡
黄龍池堡
草垛山堡
偏頭關
馬站堡
永興堡
河曲縣
鎮西衛
三馬營堡
寧化所
静樂堡
嵐縣
興縣
臨縣
太原縣
清源縣
交城縣
文水縣
保德州

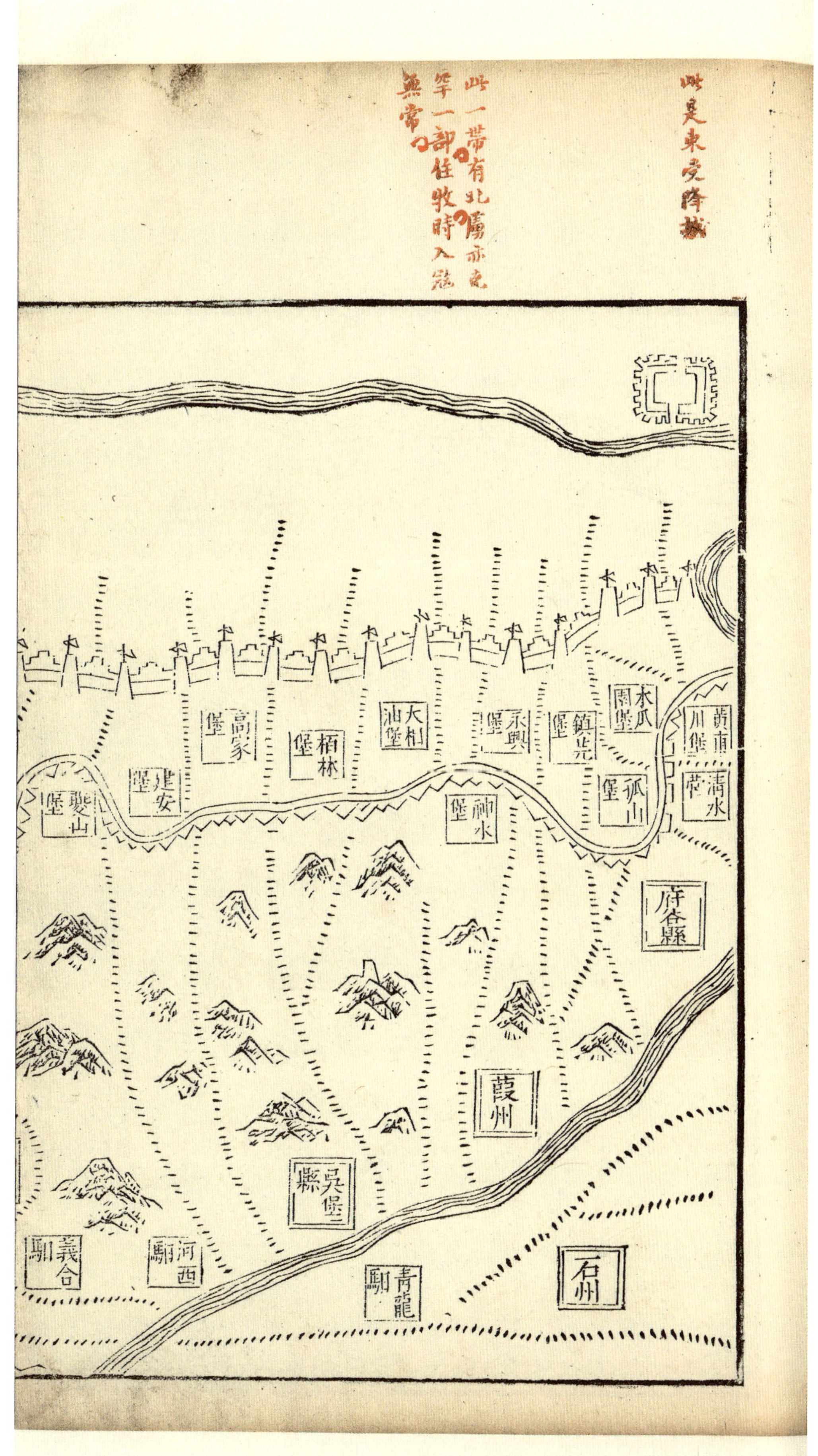
此是東受降城
此一帶有北虜亦克罕一部住牧時入寇無常
黃甫川堡
清水營
木瓜園堡
孤山堡
鎮羌堡
永興堡
神木堡
大柏油堡
栢林堡
高家堡
建安堡
雙山堡
府谷縣
葭州
吳堡縣
石州
青龍驛
河西驛
義合驛

此漢朔方郡。即秦所取匈奴河南地。今所謂河套也。先是有北虜應紹不阿兒禿廝滿官嗔三部俱住牧套內。不時寇延寧甘固宣大。

此是中受降城建自漢武。

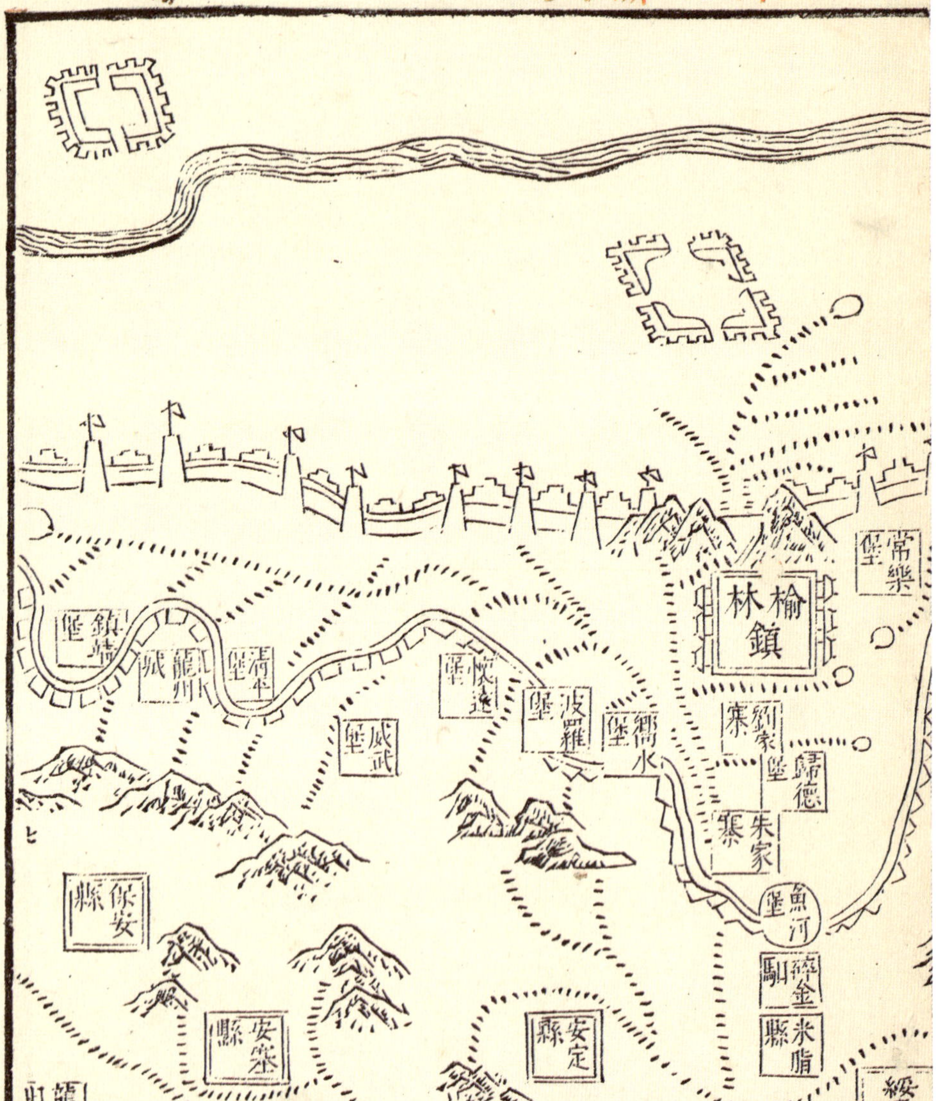

常樂堡
榆林鎮
鎮靖堡
龍州城
清平堡
懷遠堡
波羅堡
響水堡
威武堡
劉家寨
歸德堡
朱家寨
魚河堡
碎金驛
米脂縣
保安縣
安塞縣
安定縣
綏德州
延安府
文安驛
延川縣
清澗縣
石嘴驛
甘泉縣
洛川縣
宜川縣
延長縣
鄜州

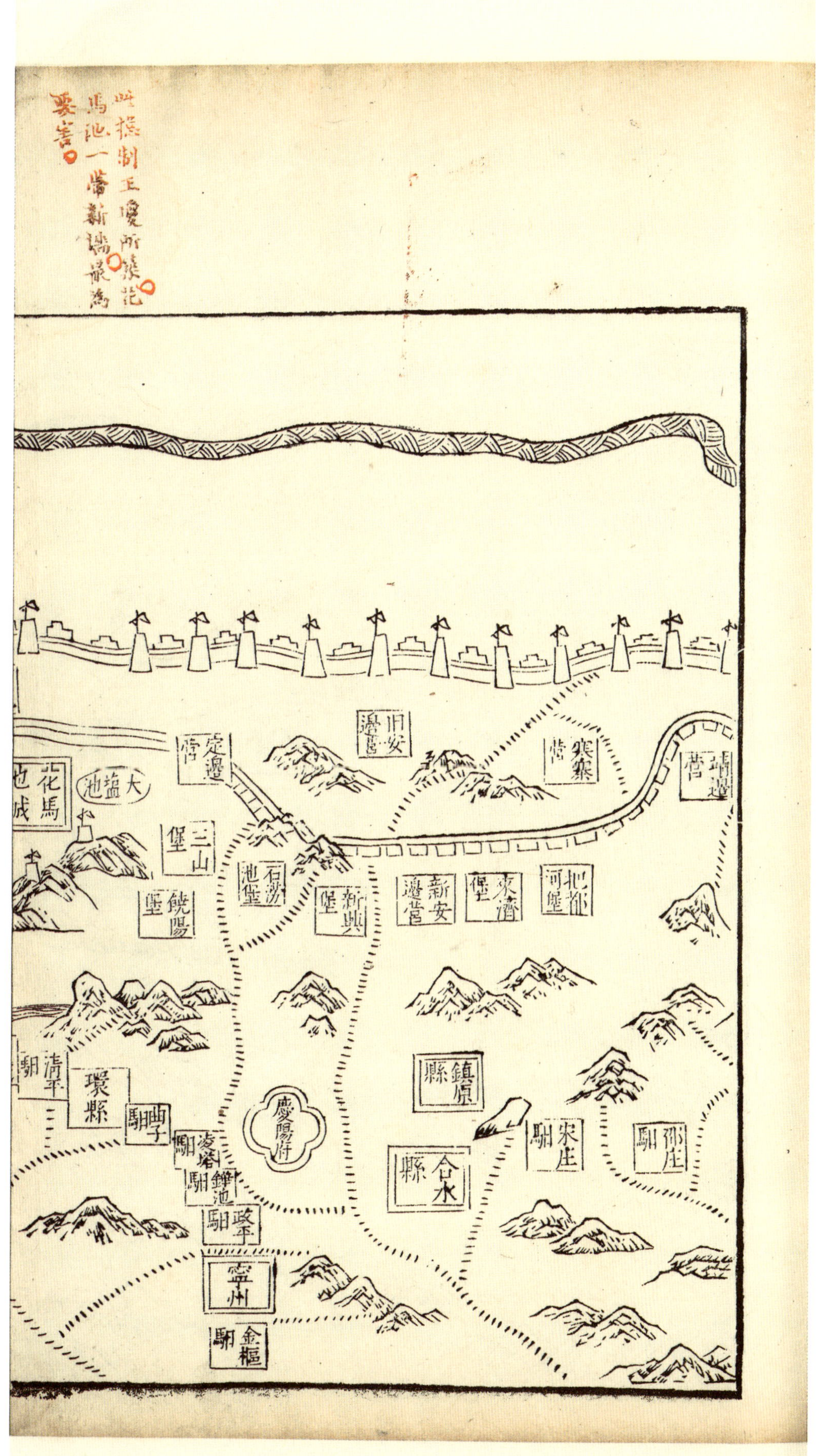
此揔制王瓊所築花馬池一帶新墻。最為要害。
旧安邊營
定邊營
靖邊營
花馬池城
大鹽池
三山堡
石澇池堡
饒陽堡
新興堡
新安邊營
永濟堡
把都河堡
清平驛
環縣
曲子驛
慶陽府
鎮原縣
合水縣
宋庄驛
彭原驛
寧州

峽以下天鎮徐廷璋所築田隴今藏

路是西邊降賊按三受降城古謂朔方軍今在黃河套中張仁愿所築

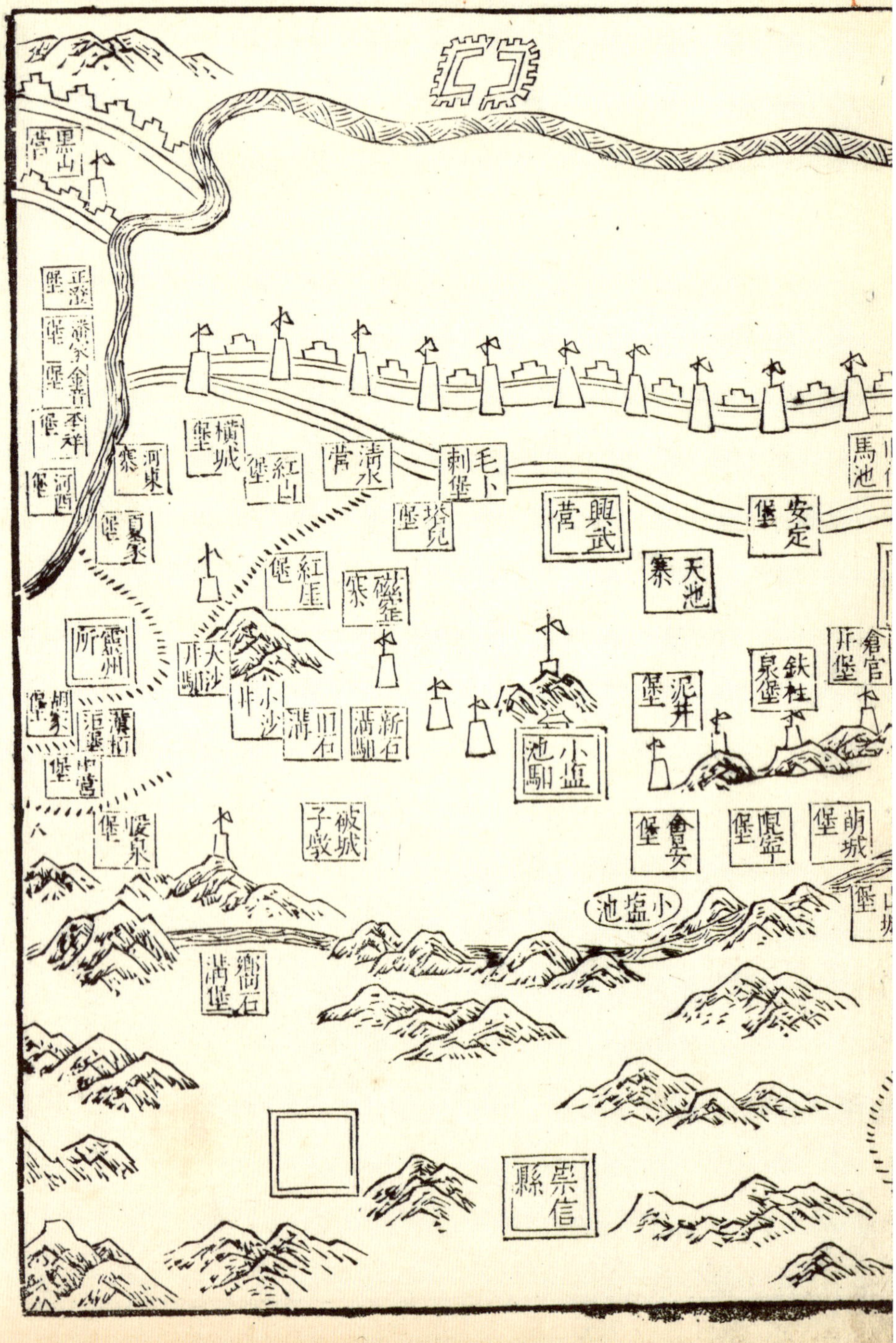

黑山營

河東寨

河西堡

夏家堡

橫城堡

紅山堡

清水營

毛卜剌堡

塔兒堡

興武營

安定堡

馬池

紅崖堡

磁窰寨

天池寨

靈州所

大沙井驛

小沙井

舊石溝

新石溝驛

小鹽池驛

泥井堡

鈇柱泉堡

倉官圻堡

胡家堡

中營堡

暖泉堡

八

破城子墩

會安堡

隰寧堡

萌城堡

小鹽池

響石溝堡

崇信縣

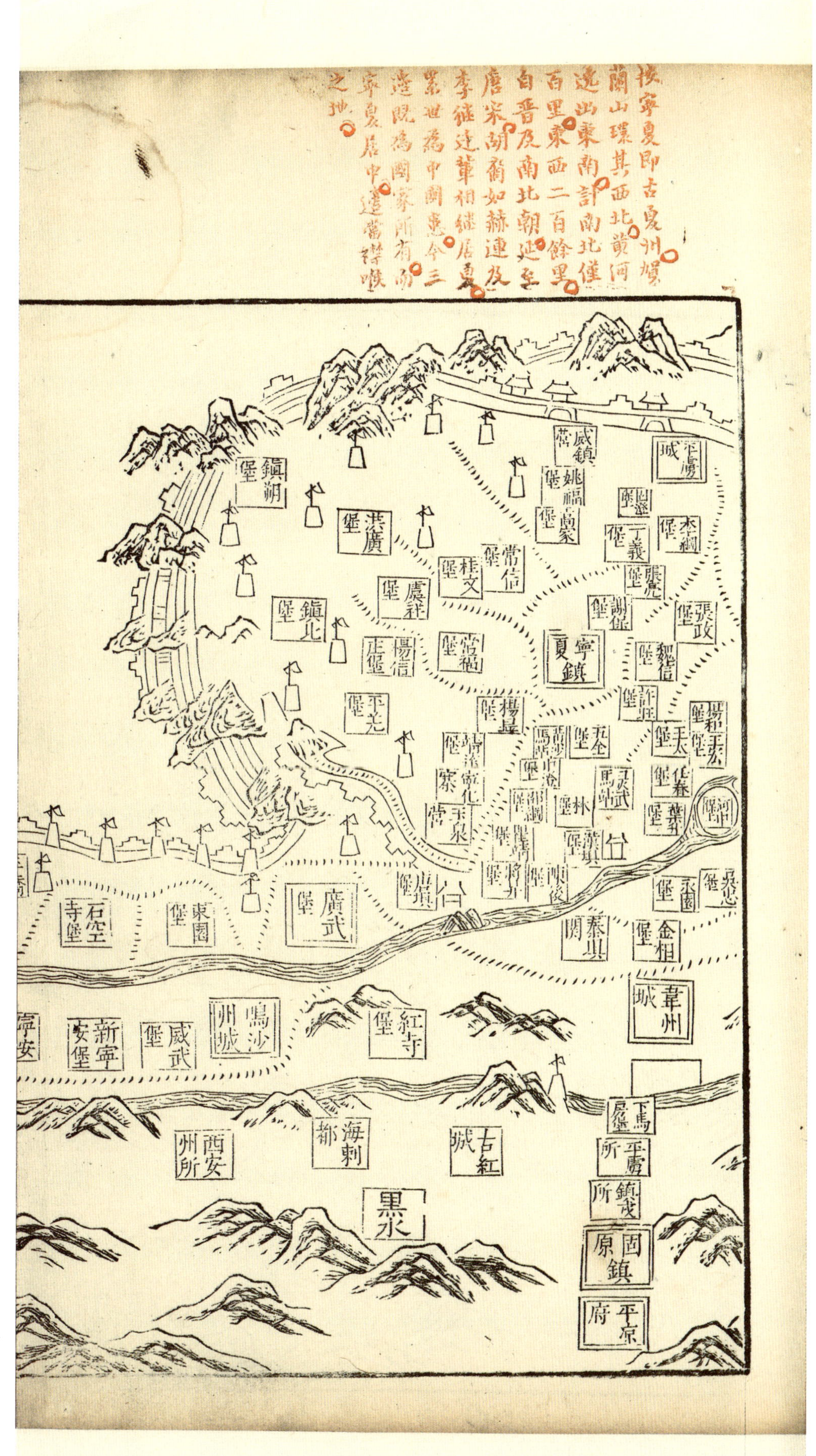
按寧夏即古夏州。憑
蘭山環其西北，黃河
遶出東南，計南北僅
百里，東西二百餘里。
自晉及南北朝，延至
唐宋，胡爾如赫連及
李繼遷輩相繼居夏，
累世為中國患。今三
邊既為國家所有，而
寧夏居中，遂當襟喉
之地。
平虜城
威鎮堡
鎮朔堡
洪廣堡
鎮北堡
常信堡
寧夏鎮
張政堡
平羌堡
玉泉營
廣武
石空寺堡
東園堡
秦垻關
金積堡
韋州城
鳴沙州城
威武堡
紅寺堡
新寧安堡
下馬房堡
平虜所
鎮戎所
古紅城
海剌都
西安州所
黑水
固原鎮
平凉府

按固原鎮所轄則有黑水鎮戍平虜古紅梂井彭陽等城西安州海喇都等營環慶

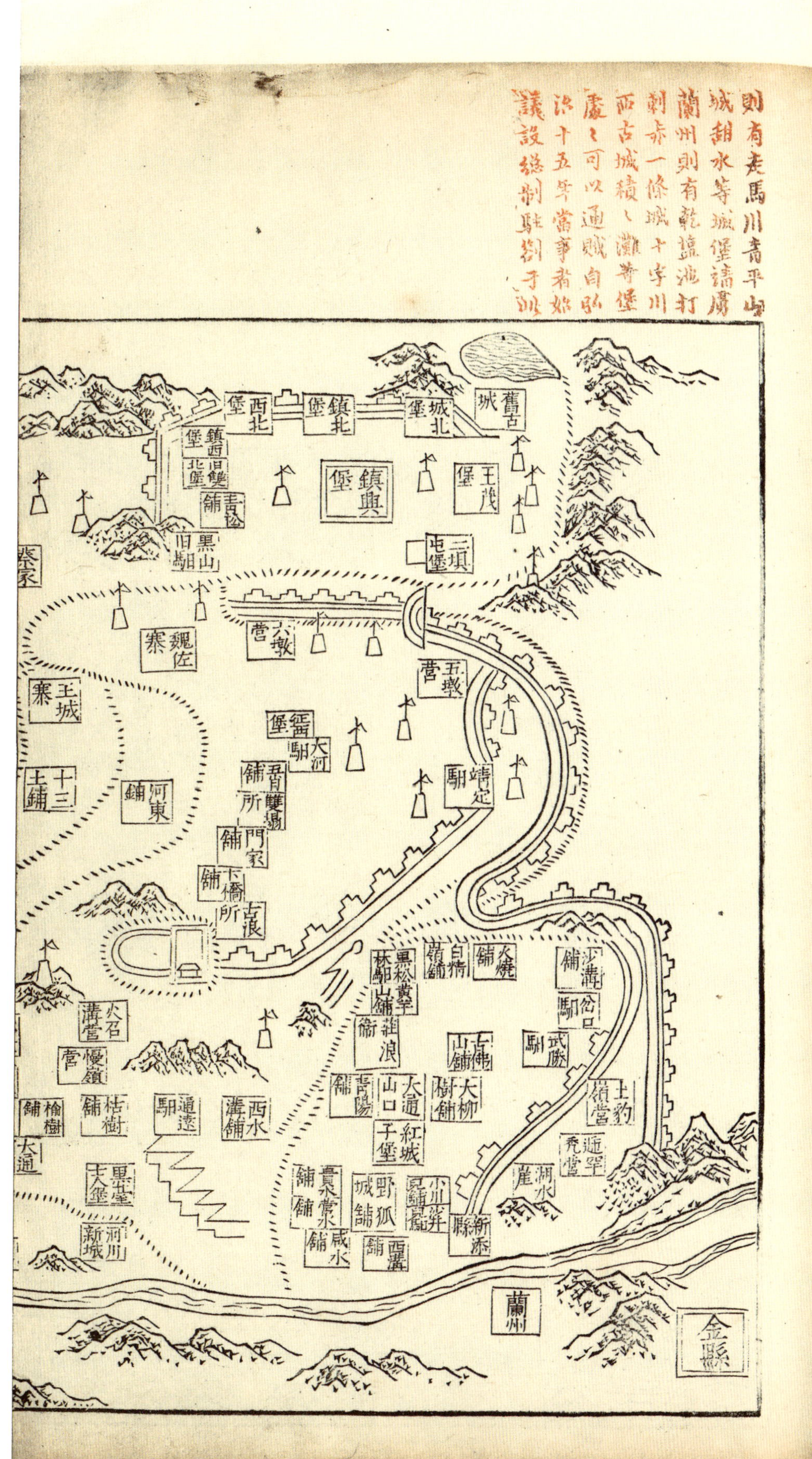

則有走馬川青平山
城甜水等城堡請屬
蘭州則有乾鹽池打
剌赤一條城十字川
西古城積積灘等堡
處處可以通賊自弘
治十五年當事者始
議設總制駐劄于

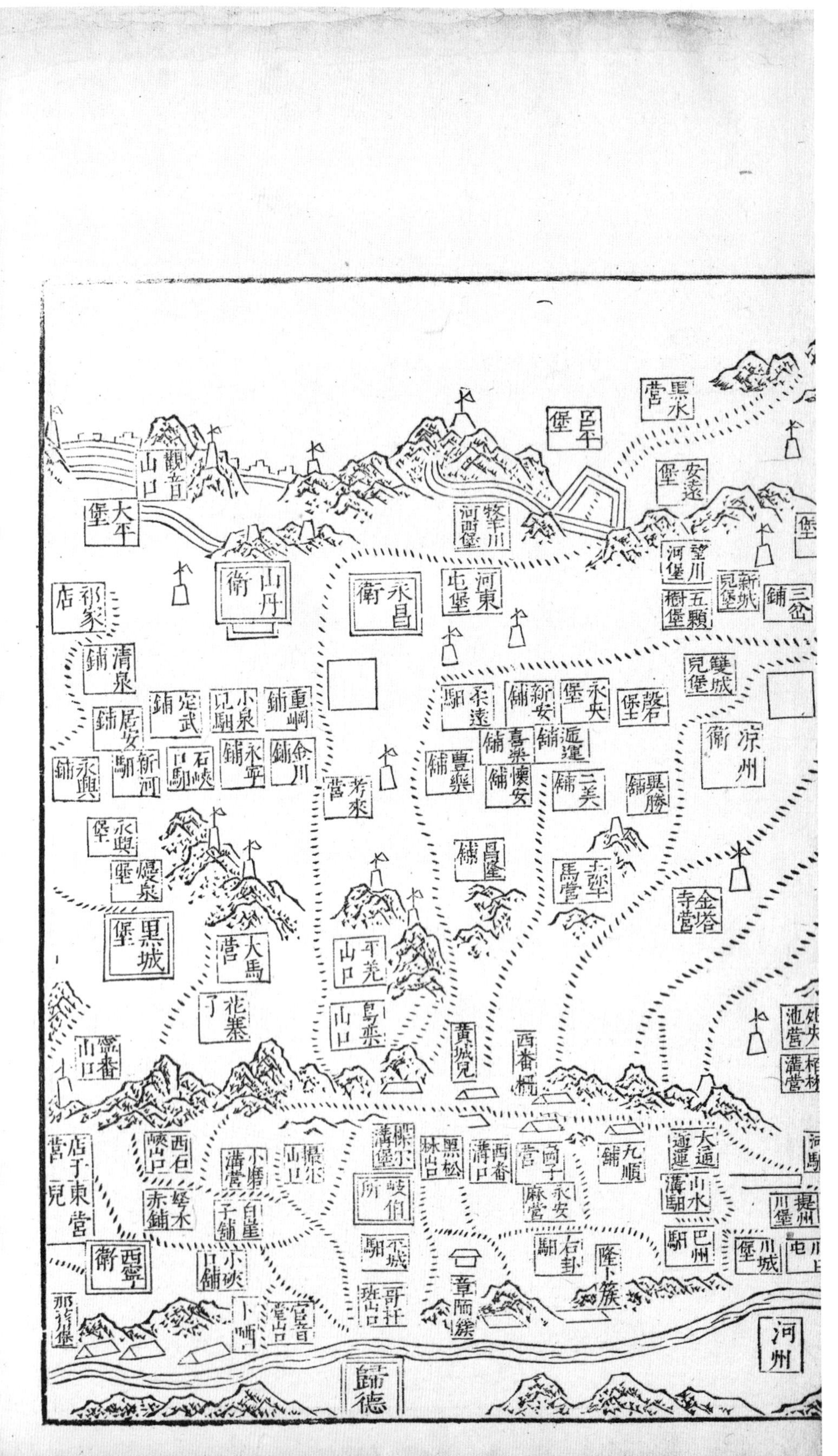
黑水營
觀音山口
大平堡
牧羊川河西堡
安遠堡
山丹衛
永昌衛
河東屯堡
望川河堡
五顆樹堡
新城兒堡
三岔鋪
祁家店
清泉鋪
居安鋪
新河驛
石峽口驛
永寧鋪
金川鋪
永興鋪
考來營
柔遠驛
新安鋪
涼州衛
豐樂鋪
懷安鋪
三美鋪
大馬營
黑城堡
金塔寺營
花寨子
平羌山口
黃城兒
西寧衛
河州
歸德

甘肅連西域接羌戎通胡虜山勢極其曠遠設險實難洪武九年設甘州等五衛于張掖設肅州衛于酒泉設西寧衛于湟中又設鎮番莊浪二衛又于金城設蘭州衛皆置屯兵拒守

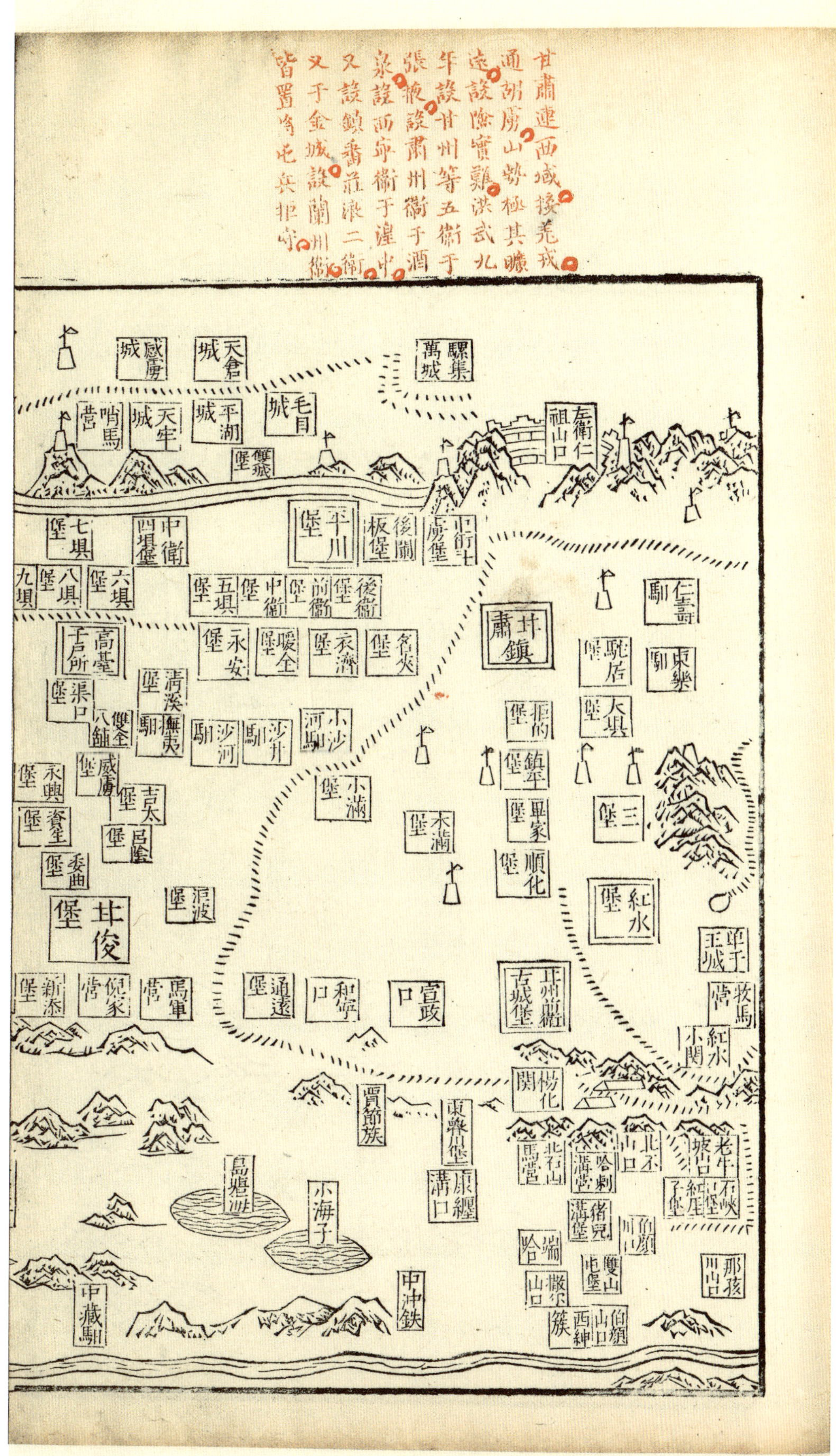

按肅州西出嘉峪關。為沙瓜赤斤苦峪。以至哈密等處。皆漢燉煌郡地也。與河西四郡皆分隷本鎮。共計四方。約有三千餘里。

居中制外戰守俱難

夷人內附終爲亂階

遼東

遼東禹貢青冀二州之域舜分冀東北爲幽州卽今廣寧以西之地青東北爲營州卽廣寧以東之地三面瀕夷一面阻海特山海關一線之路可以內通亦形勝之區也歷代以來地皆郡縣我

朝盡改置衛而獨於遼陽開元設安樂自在二州以處內附夷人其外附者東北則建州毛

兀良哈等部落
原是獵虜頗知
人事

憐女直等衛西北則朶顏福餘泰寧三衛分
地世官互市通貢事雖羈縻勢成藩蔽是以
疆場無迤北之患顧東北諸夷屋居耕食不
專射獵警備差緩而西北則俗仍迤北竊發
頗多若大舉入寇則亦鮮矣故遼東夷情與
諸鎮異要在隨勢安輯處置得宜先事申嚴
防守不墮俾恩威竝立足制其心斯計之上
而俘斬論功則第二義也開元廣寧竝據襟

金復海蓋四州是要地

截取之議不行

吭金復海蓋稱沃野海上自劉江之捷倭寇絕跡弘治中曾一見之未及岓而逝若今則晏然久矣三岔河南北亘數百里遼陽舊城在焉木葉白雲之間卽遼之北京中京地也草木豐茂更饒魚鮮自

國家委以與虜廼遂進據腹心限隔東西守望勞費道里迂遠遼人每憤憤焉成化以來論者率欲截取而屢作屢輟竟不可行無亦

是見無任事者

月給易辦儲蓄

恐難爲力

有識者爲啓釁邊方之慮乎他如革馬市之姦欺料驗放之抑勒塞請開之貢路禁驛傳之騷繹增臺軍之月給敎百姓之儲蓄專制一方者不得不任其責矣

三面受敵之地處置極難非恩威竝用不可

寧藩不改封則此地遂可以偹安況士馬練習後來必有不可知之事矣

薊州

薊京師左輔也我
太祖既逐元君迺即古會州之地設大寧都司營州等衛而封寧王與遼東宣府東西並列以爲外邊又命魏國公徐達起古北口至山海關增修關隘以爲内邊
神謀邈哉遠矣
太宗文皇帝靖難後兀良哈部落内附迺改封

夷人歸義則當厚而遣之土地人民何辜乃令其不見天日也惜哉

養虎貽患勢所必然

寧王於江西徙大寧都司於保定散置營州等衛於順天之境而以大寧全地與之授官置衛令其每年朝貢二次每次衛各百人往來互市永爲藩籬即朶顏泰寧福餘三衛是也遼東宣府自此隔涉聲援絶矣正統以前夷心畏服地方寧謐但令都指揮或都督於喜峰口密雲等處鎮守驗放別無多官土木之變頗聞三衛爲也先嚮道乃命都御史鄒

來學經略之此後因而添設太監叅將等官而夷情亦變詐不同然尚未敢顯言爲寇也弘治中守臣楊友張瓊因燒荒掩殺無辜邉釁遂起正德以來部落旣蕃朶顔獨盛陽順陰逆累肆侵噬花當則脅求添貢把兒孫深入虜掠動稱結親迤北恐嚇中國叅將陳乾魏祥俱以重兵前後陷沒他可知矣故三衛夷情難與往日例論禍機所伏不待知者而

此議蓋北門鎖鑰也誰其司之

知黃花鎮擁護
陵寢京師後門今本兵逃亡止餘二百河間等
衛之戍空名無實此其單弱極矣議者謂更
當增戍而關外閒田可募爲兵此亦一策也
古北口潮河川俱稱要害而潮河川殘元避
暑故道尤爲虜衝作橋則浮沙難立爲壍則
漲水易淤都御史洪鍾雖曾設有關城勢孤
難守今須塞川大建石墩數十令其錯綜宛

冗員爲無用补
不比斗官騷擾
地方

轉不礙水路庶幾可以久乎喜峰口三衛入貢之路撫賞諸費久累軍丁近取諸馬場子粒似矣建昌營自裁革内臣之後以其兵多於燕河營乃復添設遊擊甚爲紕繆夫遊擊之名謂居中乘便四面馳擊也今偏在東隅其謂之何矧東去燕河營叅將止五十里西去太平寨叅將止六十里不爲贅員且掣肘乎愚嘗謂薊鎮在今當重其事權總兵須與

體統不正將吏便生驕悍而指揮不能如法矣

隘口不妨添設安得照依原額

掛印同巡撫駐薊其遊擊駐三屯營若燕河馬蘭密雲三叅將則仍舊而以太平寨併入建昌爲一叅將則庶乎體統正而緩急有濟矣且設關於外所以防守立營於内所以應援令關營提調旣分爲二則關獨當其害營但肆爲觀望耳假令營之提調即司所直之關責有攸歸其復將誰諉又本鎮額兵原少隘口甚多除分戍之外消耗之餘所在單弱

言之寒心是故存留京操之士益募土著之兵設險修關嚴烽遠諜選將練兵足食明法曲突徙薪之計不可一日不講也

左輔要地卽重兵分鎮尚是可虞若外邊零落而扼要處更單弱則京師不得高枕矣末段京操等十事言言石畫當事者遵而行之可也

聯絡布置極其周密忠武乃今之北邊良將也

宣府

宣府秦漢時上谷郡也

國初常忠武王遇春破虜於漠北即元之上都設開平衛守之置八驛東則涼亭沈河賽峰黄厓四驛接太寧古北口西則桓州威虜明安隰寧四驛接獨石

大宗文皇帝三犂虜庭皆自開平興和萬全出入嘗曰滅此殘虜惟守開平興和大寧遼東

邊疆揑扤失之在先矣天寃爲之謂之何哉

甘肅寧夏則邊境可永無事矣後大寧旣以與虜興和亦廢而開平失援難守宣德中乃徙衛於獨石弃地蓋三百里土木之變獨石八城皆破雖旋收復而宣府特重矣宣府山川糾紛地險而狹分屯建將倍於他鎮是以氣勢完固號稱易守然去京師不四百里鎖鑰所寄要害可知北路獨石馬營一帶地雖懸遠然勢阻長安嶺虜難徑下中路之葛峪

此等經畫畢竟得之傳授

大白陽青邊諸堡西路之柴溝洗馬林萬全諸城南路之東西順聖皆稱虜衝警屢至焉東路永寧四海冶及龍門所則三衛窺伺之地而四海冶上通開平大路下連橫嶺兒又要地矣易曰王公設險以守其國今考塞垣所據險亦幾盡第時異勢殊有不可不爲之經畫者若曰補長峪城鎮邊城之幕軍重浮圖峪挿箭嶺之防守留茂山衛京操之士以

此正驕悍之積習使然

益紫荆縶李信屯交界之堡以固兩鎮此豈容巳乎且宣府軍士素稱敢戰矣乃近年叅將都勲出境燒荒遇虜二十騎而潰闗山王經前後陷没此猶可諉也若滴水厓郭舉之叛及諸軍告糧而譟此則漸不可長况伊邇大同耳目習染可不慮哉是故有撫綏之將而後有節制之兵有節制之兵而後有疆圉之固籌宣府者此其大計矣至於邊儲一節

廢敝若此歷來鎮巡竟置之不理耶

則員外楊守謙所論蓋得權宜之術附見於後以備一時參考云守謙曰嘗聞弘治中宣府各城粟芟之積多至有六七年者少亦不下三四年今則止數月耳倉廒僅存尨礫場地鞠爲茂草或勢家佃以爲業然則飽歌騰槽之勢安得而復見哉邊鎮敝壞乃至此極賴

國威靈僥倖無事使遇也先火篩之變將何以

此法終不可罷

待之司國計者不可不深長思也宣府至京師僅三百餘里有必不得已之事則乞運之策可行也此蓋先朝所已試者亦一時拯溺救焚之方云又按邊軍月餉法曰折色者六月本色者六月在邊者折銀七錢在内者折銀六錢又日本折間支此諸邊之通例也然春夏之月禾稼未登粟價騰踊邊臣苦於蓄積之未多也則固與之折銀秋冬之月粟價

此篇遠長慮也惜能言之未必能行之

稍平倉廩稍積則始與之本色當其騰踊也銀一錢或止易粟六七升或四五升是一月折銀猶不及半月之粟如之何其不饑而疲且至死也欲責其死綏之節不亦難哉說者謂宜於歲例之外每鎮發銀十餘萬兩遇大熟之歲則於歲例招買之外糴粟六七萬兩中熟亦糴三四萬兩俱別儲之每春夏粟價騰踊若歲例之粟尚足支持者勿動惟騰踊

補償雖善安能始終如一

之甚不可支持者借支二三月秋熟之後即於歲例内招買者補償仍別儲之如此則士得實惠而所省亦且數倍即有重大虜患徵發旁午緩急亦有所濟矣此誠今日之急務而司國計者所當講求云

上谷郡形勢完固雖云易守第各城積聚無存則如之何所論權宜之術不可不亟講也

大都險峻易守若云嚴地川兵所忌而又值虜衝守之更難爲力矣

是時此二邊俱壞虜直抵鎮城況虜在套中

大同三關附

大同古雲中地川原平衍故多大舉之寇西則平虜威遠中則右衛水口等處皆稱要害益虜南犯朔應諸城必窺之路也東則天城陽和爲虜入順聖諸處之衝而平虜西連老營堡與偏頭關近虜纔出套便涉其境故大同稱難守焉先年邊政嚴明警備差緩自多故以來大邊已失二邊之内棄爲王庭墩軍

敷軍懈弛久矣
畢揷箭暗號爲
之少警

驕惰警報不明至有與虜通貨入而後報者他可知矣以地利言則議者曰五堡决不可不復高山聚落之戍是宜當增以人事言則正紀綱明法令今日第一義也夫修五堡有三利焉藩屏外固内地獲安一也沃土茂田畐庶可期二也二邉旣復宣寧等縣棄地亦可漸理三也况高山聚落二堡在鎮城兩腋間實爲東西虜衝募軍分駐則按伏之費省

此時正許褒敍延撫賴以奠安数年共有裨于各邊豈淺鮮哉

犄角之勢成無容議矣顧募軍之糧所宜亟補耳北虜貢路例在大同正德時三年三貢各邊寧謐者數年往歲榆林欵塞說者謂似涉和議拒而不納豈典章未諳邪夫北虜稱欵難也反自疑阻然則歲歲侵暴而勞費者是當然邪河南山西歲運多不及額而屯田又多逋負是故足食之計非例外發銀專官糴買吾無策矣若夫大馬之衰耗弊在各城搶

三關乃太原北境要害之地與真定相爲脣齒畿輔之安危係焉故與宣大竝稱爲重鎮

此等關隘漫不增兵守禦經略安在

兌此在軍之言當事者不可不知耳偏頭寧武鴈門三關各稱要害而偏頭逼近黃河焦家坪娘娘灘羊圈子等處皆套虜渡口往來蹂躪歲無虛日尤爲難守今防守之兵半是民壯馬又小弱非太僕寺所兌者扶傷救死之不暇而責以敵愾之氣難哉或謂巳巳之變大同徵山西之兵防禦者蓋幾七千今在鎮城止供薪水門戶之役而坐縻糧餉分毫

魏李善治軍旅能保守雲中迄今令人有捍禦之思

無益若改戌三關給以太僕寺之馬民壯數千盡爲除革此不惟邊防有賴而所省亦且不貲矣夫魏尚李廣皆守雲中尚給士卒饗軍吏無所不至廣遠斥堠就水草頓止人人自便是以能用其衆以制匈奴今之邊臣有能愛將士若此者乎先襄毅巡撫之日雖不敢擬之古人至裁占役禁掊尅恤調遣優夘傷未嘗不誠心以求之是以鎮人至今不能

因姑息成驕悍必然之勢

怨焉令平日恩德旣無以結其心臨時節制又無以宣其威不幸有變遂因而爲姑息之政姑息必疑疑則阻威之不服而恩之不感是成驕悍之習雖魏尚李廣豈能馭之哉由今之道馭今之兵厝火積薪因以爲安吾不知大同所終也

雲中地平衍三關勢單弱並爲套虜經由從來難守比年撫之有素得安輯焉 國家之福也

肅敏此舉奠安一方邊人至今懷之

榆林 延綏二邊在此

榆林舊治綏德而棄米脂魚河等處於外幾三百里虜輕騎入掠舉鎮兵出禦之每不及而返虜得投隙焉成化九年都御史余子俊建議徙鎮榆林堡襟吭既據内地遂安邊墻東起黄甫川西至定邊營長亘凡千二百餘里連墩勾堡横截河套之口内復塹山湮谷是曰夾道地利亦得矣彼時虜少過河軍士

折色因拋荒無
措耳若議盡改
則遇粟價騰踊

得耕牧套内益以樵採圍獵之利地方豐庶
稱雄鎮焉自虜據套以來邊禁漸嚴我軍不
敢擅入諸利皆失而鎮城四望黄沙不産五
穀不通貨賄於是一切芻糧始仰給腹裏矣
弘治中布政文貴奏改西延慶三府本鎮之
税爲拋荒折色者二萬餘石正德中侍郎馮
清又改三府本色盡爲折色自是軍用始窘
遂有米珠草桂之謡況有節募新軍而糧未

之門貽害更無窮矣

此時若值火節等虜竊發將何以禦之

增尚在額内支給又邊邑凋敝災傷所免及拖欠者復百有餘萬焉得不窮困至於今日之極也嘉靖七年鎮城餓莩幾萬言之痛心嗚呼此鎮將士懷忠畏法处無怨言敢勇善戰虜所素憚乃令年年枵腹不得一飽傷哉傷哉脫有黠虜窺知虛實以重兵壓境及客兵旣集日費益廣更以一軍駐魚河之地即糧道阻絕不兩三月而榆林坐困矣今之司

兵以食爲天孰有急於此者

計者不憂積薪之火猶待燃眉之救豈知此鎮迫於寇門糧道險遠急卽束手臨時雖予金如山不可食也況今鹽法已壞飛輓之計失在官糴買一費數倍戊子之歲束草價至二錢有餘他可知矣愚故以爲論楡林者急在芻糧他非所慮愚又以爲本色不復則楡林未可知也至於募軍之糧及災傷所免戶部處補自是當然何令邊臣乞哀之不已乎

此真救荒奇策
邊人永賴之矣

夫事有改作而後善者不可執一論也今三邊芻糧至難處矣愚謂黄河自陝州而上至綏德近境春初時皆可舟行若計沿河郡縣改徵本色水陸接運而上則榆林其少蘇乎再於延寧卄固適中之地另設倉場各以户部官一員主之每鎮每年予鹽銀十餘萬令其糴買儲蓄專備客兵之用出入稽考一歸户部邊官無得那移借貸倘客兵一年不至

則有一年之積如是數年或可少裕也視今日各邊有事而後徵兵請糧及內帑至則糧價正踊錙爲銖用所省又當萬萬矣套地長幾二千里横至數百里亦漢武朔方地也唐猶内屬韓公築三城於河外史稱其功夫拒河爲守尚不能固乃能遏虜於河外其置烽堠千八百所所須萬人而史云減戍此皆不可曉者近有復套之議謂當循唐

無任事者可知矣雖然即有一二任事者多因中制亦難爲功

一

舊又謂當復守東勝則榆林東路可以無虞審時度力愚不知計所出矣西路最稱要害而安邊定邊連接花馬池更爲衝劇築墻設險事有不容已者若沿邊困悴之邑唇齒相依當擇賢令尹以異等令其撫綏招徠庶幾可以保全乎夫榆林地險而防嚴將士敢勇戰不貫胄虜呼爲駱駝城人馬見則畏之四方征調所向有功更多將材有節氣視他鎮

根本之論不妨再三申明

爲最焉第鎮城遠處乎不毛軍衆待哺於腹裹生理既難糧道又遠倘人事不修則六邊之廢其首在茲乎愚故云楡林者患在芻糧他非所計也

楡林迺延河套雖有邊墻虜多充斥東自清水營西至定邊安邊等營一帶最爲衝劇即此鎮將士懷忠敢勇其能枵腹待戰乎此芻糧爲亟亟而當事者不可不預爲之地也

四塞之地內有漢唐二渠引水灌田足稱富庶亦陝之樂土也

寧夏

寧夏亦朔方地也鎮城所據賀蘭山環其西北黃河在東南險固可守漢唐舊渠皆在厥田上上人易爲生成化以前虜患多在河西自虜據套以來而河東三百里間更爲敵衝是故寬平固則犯花馬池掠環慶則由花馬池之東入靈州等處則清水營一帶是其徑矣築墻畫守始自巡撫徐廷璋此千古卓然

即盛時諸名公業無成算如此套虜真難禦哉

之見而總制楊一清王瓊唐龍皆常增築更益敵臺足禦竊發矣顧兵寡勢分難當大舉之寇豈人謀地利有未盡邪今之論者以固原爲堂與嚮石溝至花兒岔爲第二門花馬池一帶爲三門謂有重險矣不知賊巳入大門則堂奧無用風雨飄忽之所及內地村聚之民急欲收保而無由也嘗聞之弘治以前虜住套不常間有連歲不入者我邊每歲於

北虜依水草爲居花馬池東南一帶惟鐵柱泉梁家泉等處有

河凍時決其出入入則戒嚴出卽解嚴葢氷泮後則不復能出入矣今虜渾脫飛渡數萬立濟經年住套安爲巢穴逋逃敎誘盡知我內地虛實此可與往日論哉而花馬池一帶適其利涉之境遊騎出沒無日無之宜乎延寧固靖終歲不得少息也試嘗籌之若擇花馬池便利之地大建城堡添設叅遊移總制居之分屯重兵於淸水武興等營令三百里

水後嘉靖十五年劉莊襄經略三邊於鐵柱梁家諸處盡築城堡一時水源俱各據守賊無飲馬之處誠百世之利也恭襄此論真可謂英雄所見略同

之間旌幟相望刁斗相聞其鐵柱泉等處水草大路盡建墩堡此不惟得扼吭先制之計東援榆林西援寧夏亦常山蛇勢也又洪武以來虜出入河套往來井涼皆自賀蘭山後取道自總兵杭雄敗後遂以山前爲通衢趙瑛周尚文禦之皆敗由此不已愚不知寧夏所終也或曰舊墩瞭望直出山外有警即聞易於過絕今皆廢矣或又曰赤木黃峽等口

失機律有明條
安得目爲故事

自築新墻一道
官軍遂弃外邊

舊皆壘石固塞防守有人今亦不然是以莫之禦虜也夫敗軍法背水陣也嘗聞先襄毅云成化中敗軍法重無苟免者是以邊臣知畏地方少事弘治中太平濫觴稍巳解弛至正德則一故事耳今寧夏失機屢矣而舊將晏然無事求之各邊無不然者此不可爲邊民痛哭哉鎮城南北僅百里東西止二百餘里耳王瓊夏廢鎮遠關而城平虜弃地葢八十

不守以致邊內田地荒蕪嗣後頼劉莊襄修復外邊黃河對岍更築長堤一道以禦套虜庶幾稍安

里一何易也今虜患愈近而民利益窘善謀者一至是乎若山南作塹以遏西來之寇則待之矣中衛偏在西隅雖地狹易守傾山後之虜窺靖虜者數數有之尋討故事云自賀蘭山直西至鎮番內皆漢武舊地今弃之矣果如所論而城守之則莊浪靖固中衛俱安枕矣

寧夏西倚賀蘭山天險爲固山口一十二處寬狹不等共量長一十五里舊砌口各有關牆三道今盡圮廢不修以致大虜時入搶掠

卓哉漢武眞可謂英雄繼剏也

與前四郡皆隸甘肅

甘肅

甘肅即漢之河西四郡武帝所開以斷匈奴右臂者葢自蘭州爲金城郡過河而西歷紅城子莊浪鎮羌古浪六百餘里至涼州爲武威郡涼州之西歷永昌山丹四百餘里至甘州爲張掖郡甘州之西歷高臺鎮夷四百餘里至肅州爲酒泉郡肅州西出嘉峪關爲沙瓜赤斤苦峪以至哈密等處則皆燉煌郡地

羌服之地雖難
守胡得遽弃之

也洪武五年宋國公馮勝下河西乃以嘉峪
關爲限遂棄燉煌焉自莊浪岐而南三百餘
里爲西寧衛古曰湟中自涼州岐而北二百
餘里爲鎮番衛古曰姑臧此河西地形之大
略也夫以一線之路孤懸幾二千里西控西
域南隔羌戎北遮胡虜經制長策自古已難
況茲凋敝之餘非豪傑任事之臣其孰能爲
之且哈密甘肅藩籬諸番領袖成化以來陷

深入不毛雖云
遠略萬一損威
失望非徒無益
且辱國矣

於土魯番恢復之議至廑
累朝顧在今日有難者二有當緩者四不可例
以往日何也哈密累敗之餘喪亡略盡譬之
垂死之人身不自持縱令復國豈能固守此
一難也恢復之計曉諭不從必煩聲討虛喝
譀恐難以震動試言今日可復能爲先襄毅
深入之事乎此二難也往建哈密以其能制
諸夷爲藩蔽也今不能矣立之何益是故哈

卋肅　二十二

語云非我族類其心必異此處人終不得爲好相識也

密者昔爲要區今爲散地盛衰之會殊彊弱之形異當緩一也哈密轉徙之衆已長子孫身事讐國遺我以難是彼無共天之義我有同舟之急此何爲乎當緩二也

累朝以哈密之故勞費萬狀議論無已是以夷人視之爲奇貨以爲中國一日不可無哈密也今日索金幣明日求進貢今日送金印明日還城池譬之以果啗兒舞弄在手假令自

以上二難四當緩俱得中之論恢復之議可自息矣

今不復言哈密恢復事彼當何爲乎以爲將遂有哈密也則豈待中國棄之而後取之以爲不能則哈密猶舊也況閉關絶貢可以制諸夷之命乎當緩三也赤斤蒙古安定曲先等衛亦皆中國藩蔽赤斤等衛破於土番安定等衛破於海賊何不聞爲彼恢復而切切於哈密乎當緩四也審於六者之間則哈密可復不可復宜復不宜復圓機之士必當破

耳肅　二十三

乘其內附乃因勢而利導之斯爲安邊之善術議者反懷邊方啟釁之慮大失機會矣

衆說而建長策矣至於亦不剌者進北邇寇盤據西海吞并屬番爲西南患頃歲巳許內附尋因其敗弱而棄之頗爲失計何也𠀤肅之患北虜倏去倏來南番坐守之夷耳惟土魯番自兩犯𠀤肅以來累肆荼毒漸不可長若收海上之虜置之哈密近境結以恩德西制土番北制尨剌此千載一時也倘有成績即令職西域之貢何所不可議者祗恐別起

事端而不思遠地無干秖云夷心叵測而不
知竆虜易用覦今日自據西海散處河岷何
如邪剏以虛縻得實用借虜地爲干城得失
利害不較可知又今河西屯田敝矣二千里
内計丁一萬七千耳防守不設耕種難也累
遭殘破生聚難也朘削無已休養難也是故
人益貧口益耗食益歉兵益弱而屯田益不
興矣近日差官添築新堡廣招佃種似矣豈

兵農相濟緩急有賴效互丈原

有舊堡未克而更能實新堡者乎豈有不爲防守而敢遠耕者乎豈有將不休養而人得生聚者乎又譬之家政農桑薪水賓客祭祀之類動必相連豈有餘事皆廢而一事獨舉者乎是故有將而後有兵有兵而後有人有人而後有土有土而後有財有財而後兵益振屯益舉矣他如李淮之議曰欲將見堡量給以馬無事令其瞭望而耕耘有事得以聯

故事也此議真可云老成長慮

絡而馳逐拯溺救焚此其近策矣蘭州舊有管糧郎中而不司支放與宣大事體稍異已失事宜或又令其歷在催徵不更遠乎若以省參一官專駐蘭州以督邊課如近時山東河南京運事例而移郎中於甘州如宣大例則稽察歸於戶部催科便於本省是或一道也西寧控十三番族四堡六千戶所近又益以海寇之擾亦要地矣不令屬莊浪而另設

西僧延入中國騷擾百端如大寶法王一輩究竟於國家何益

叅將易瓚之議是也若我太宗以夷治夷建寺立僧之法益有深意今有講其故者乎西域之貢番文動數百紙詐冒相仍騷擾無益若給符限年勒以名數庶可久可繼之道也嗚呼病於塞而求通傷於困而思起今日之甘肅豈一事邪舉其大者聊以見緩急而已

河西地勢曠遠難于設險今日守禦方略須倣趙充國留兵屯田之策斯善矣

弘治十五年秦襄敏總制三邊築內邊一條自饒陽界起西至徐斌水三百里自徐斌水起西至靖虜花兒岔止長六百餘里至今于二八月

固原

固原開城縣地也成化以前套虜未熾平固安會之間得以休息所備者靖虜一面耳自弘治十四年火篩入掠之後遂爲虜衝於是始改立州衛以固靖甘蘭四衛隸之設總制叅遊等官屹然一巨鎮矣鎮與寧夏爲唇齒花馬池一帶邊人謂之大門若併力堅守花馬池則固原自可無虞而響石溝至靖虜一

各修築之屹然爲關中重險云

嘉靖十八年以總制移鎮花馬池仍以陝西巡撫總兵提鎮此邊 廟筭與恭襄之論若合符節也

帶修築又在所緩益力分則勢弱寇已入門主人束手故愚以爲總制不駐花馬池則固原未可息肩也靖虜一帶每歲黃河冰合一望千里皆如平地若賀蘭山後之虜踏冰馳踔則蘭靖安會之間便爲禍階調兵防守候在冰凍而西鳳臨鞏之卒多未經戰豈能捍禦愚又以爲不添沿河之堡不屯常戍之兵則固原又未可息肩也徵調客兵他鎮有事

邊戍沖寒冒暑甚至披星帶月苦楚倍常而猶不足其食籌邊者安在

則然無事則已若固原防守之戍每歲凡四閱月而芻糧不爲之處尚在本兵額內支給如之何其不告乏乎小鹽池批驗舊在固原蓋來商旅納貨賄期以填實此地而王瓊移置下馬房其見偏矣夫固原中制之地也總制所在戎務攸關此特一隅之論耳若夫任將任官足食足兵之計孰不知之孰不能言之體權盡變存乎其人焉耳

固原在寧夏之南雖云近番刼要害之地然東向可以顧榆林西向可以顧甘肅是以遷來總督叅遊悉駐劄于此若鎮廵運籌其中叅遊分兵會各鎮折衝於外處置得宜糧餉無缺全陝亦可自恃以無恐矣

跋語

歲庚申余有西吳山水之約會春明薄游茗上逗留閲襄子齋聲氣偶合遂訂交焉晤對無他及祗以時事倥傯每不勝憤憤因出四編相示念余非知兵者記少受詩至六月之章誦薄伐玁狁至于太原則欣欣色喜恨不躬披涇陽焦穫之地而左右戎行及誦采薇之章至君子所依小人所腓二語又恨不獲

古人師貞之律寔憑依焉幸天假靜緣得從刋閱之役讀陰符而得兵之源讀素書而得兵之本讀孫吳而得兵之法讀九邊海防諸論而得兵之制舉生平所耳熟而心艷者如夢之覺如渴之漿襄子乃天下有心人其以是編廸我者弘矣東海後學徐亮謹識

海防圖論小引

嘉靖辛酉大司馬梅林胡公總制吳越值海夷蠢蝕沿海諸州郡皆弗靖因奉命掃蕩之自嶺南至福浙迄吳淮登萊抵遼左計里辨方八千五百餘里沿海山沙險扼延袤之數一一如指掌博而不失泛約而不失簡十洲三島宛然縮地古所謂虜在目中信不誣矣圖論其後

吳興世德堂主人識

海防圖論序

兵部尚書新都胡宗憲譔

吳郡殷　都閲

宗憲不敏

天子以東南半壁付之乃日羣材官而討軍實邀天之幸得凌風濤而殲鯨鯢顧不敏竊有慮焉交阯無聚米之圖則伏波矍鑠無所措手孔明卽夙稱神武而益州之圖不出諸張

海道險於北邊利害更有甚焉

奸人乘機竊發更發隄防

松䄂中郎劉璋未易取也況夫瀚海蒼茫中國與虜同此利不同此害者乎昔吳郡秋崖朱公以大中丞節填制七省則皆倭㜸之所躪入維時

國禁尚嚴人巧未極故能優游而坐鎮及不敏受事而海之患益不可言矣蓋不特倭奴之能窺我圉而羣不逞之徒且狡而决我藩也故昔之防海重防其入今之防海重防其出

島夷入寇多因華人勾引爲是通番之禁加嚴

重防其入則礪我戈矛戒我樓櫓可以禦日本之倭重防其出則支流必辨合港必稽所以禦通日本之倭者正未可以更僕數也蓋不敏所日惴惴焉而不敢即安凡耳目所歷哨探所傳無微不覈無細不綜因彙次爲海防諸論凡若干篇雖杞人之憂不無過計庶他日之後有思不敏之言而躍然者耳

堂堂之陣正正之旗東南保障哉

海防圖論評

吳郡殷都無美述

都少也賤得以筆札事故大司馬新都胡公稱入幕賓辱公不以都爲不敏每退食自公即延與談當世之務而海防之略居多都每見其津津望洋娓娓策勝真如鋸木出屑䟽井得泉從本原以及末委如指諸掌故樓船一出殲厥鯨鯢乃長慮遠謀不能已已海防

圖論之作可以見公經濟之遠猷與勗勤之大略也比都官職方東北之事則有司存每竊謂膚敏如公而九原可作亦可以紓

一人半臂之憂而公已矣薏苡之謗尚不能辨西州之慟當如之何頃東事方殷群策畢集此圖此論久藏篋中不敢秘也乃梓之而附以近日所輯日本考略

海防圖論目錄

補輯

遼東軍餉論

日本考略

從此入福興
從此入漳泉二州
從此入潮惠
從此入廣州
從此入瓊州
從此入雷州
興化
福建
泉州
漳州
潮州
惠州
廣東
高州
雷州
萬崖
瓊儋
暹羅
安南
廣龍
思明

日本
五島
對馬島
薩摩州
大琉球
小琉球
倭從五島至直浙山東總路
倭從對馬島至朝鮮遼東總路
新羅
從此入朝鮮
朝鮮
從此入遼東
遼東
從此直沽
直沽
從此入登萊
登
萊
青
濱
從此入淮安
膠
從此入錢塘
從此入寧波
從此入台州
從此入溫州
入松江
入楊子江
通
泰
高郵
淮安
松江
蘇州
鎮江
常州
應天
寧波
台州
溫州
浙江
嘉興
紹興
京師

東路之便蓋有接濟之人故也

島夷出没有限水賊流刼無窮

廣東要害論

廣東列郡者十分爲三路西路高雷廉近占城滿剌諸番中路東莞等𨻶水賊倭寇不時出没東路惠潮與福建連壤漳舶通番之所必經其受海患均也故舊制每歲春汛各澳港皆設戰艦秋盡乃掣回泊水寨至今日則不然倭奴衝突莫甚於中路亦莫便於東路其次則南頭等處又其次乃及高雷廉三府

洋洋大海百千艂擁而來二十艘于何處生活

勢有緩急事有難易分兵設備亦當因之故舊例戰船中東二路不過二十艘今則各宜增益而柘林爲尤甚葢柘林去水寨一日之程警報未易猝達寇若乘虛而入柘林危矣無柘林是無水寨也官兵每秋掣班必以柘林爲堡控賊咽喉附近大城所軍互爲聲援庶保無虞焉耳嘗聞南洋灣鄉夫在於東路屢勝眞倭烏艚船子弟兵昔在中路首擒亞

港口多則防禦便不周旋斷賊入路不開有奇策也

入此皆宜素養者也編號定甲更番作息無事則隨宜農商以養其財聽用則特使休閑以養其力有警則預給工食椎牛釃酒以養其氣恩威相濟務得其心有不戰戰必勝矣

雖然亦未也沿海港口賊舟何處不可衝入斷賊入路策之要也奸民與賊交通餽之酒米餽之衣服餽之利器斷賊內交策之要也

海防者不可以不知

爲艄船子弟兵勇於水戰寔爲禦倭前茅中間編號
定甲一段議論深得撫養權宜之術至末斷絕内交
尤爲警策云

五指卽黎母山別名因其上有五峯聳翠插天也逼近定安縣諸蠻環據其地

瓊管論

天下郡邑濱海者有之未有若瓊之四面環海者其東西廣九百里南北一千一百四十里長山峻嶺生岐熟三黎錯居其間而五指腹心盡爲黎據群崗之中定安尤險郡邑封疆反四面而環列占城暹羅諸番西南外峙東北又與閩浙諸洋相通稍或撤備則門庭皆勍敵矣廣東處南海之邊而瓊又當其南

此雖天涯海角也如此布置亦可以偏安

實南徼之要害也
國朝設府統州縣十三復設南海衛統內千戶所五外守禦千戶所六各海口咸置烽堠瞭戍指揮部軍統轄之名曰備倭巡捕巡司散布分列海寇望幟而知有備然黎防之制瓊澄臨樂文定諸地舊置營戍事久寖弛元有烱鑑不可不戒也近因辛丑之亂舉兵討平珠崖駐設參將事雖大定而險終在黎未爲

此亦老成持重之議

吾有議者欲於羅活崗據以重兵運以歲月置官兵鎮之其陵水要區之鄰於崖者則界以十字路斷其往來竄伏更於黎衆民稀如感恩者繕城郭甲兵以衛之噫必如是而後爲久安之計乎

瓊雖四面環海風俗饒裕可云樂土但其中盤黎峒諸蠻錯居已爲腹心之疾而倭奴飄洋來者往往有之内外隄防斷不容懈弛也

接濟奸人祇射利耳雖無大志要之蔓害不淺

廣福人通番當禁論

倭奴擁衆而來動以千萬計非能自至也由內地奸人接濟之也濟以米水然後敢久延濟以貨物然後敢貿易濟以向導然後敢深入海洋之有接濟猶北陲之有奸細也奸細除而後北虜可驅接濟嚴而後倭夷可靖所以稽察之者其在沿海寨司之官乎稽察之說有二其一曰稽其船式蓋

鼠輩行事亦無出奇

國朝明禁寸板不許下海法固嚴矣然濱海之民以海爲生採捕魚蝦有不得禁者則易以混焉要之雙桅尖底始可通番各官司於採捕之船定以平底單桅別以記號違者燬之照例問擬則船有定式而接濟無所施矣其二曰稽其裝載蓋有船雖小亦分載出海合之以通番者各官司嚴加盤詰如果採捕之船則計其合帶米水之外有無違禁器物乎

禁令極嚴偏多漏網吾未如之何矣

其罟也魚蝦之外有無販載番貨乎有之即照例問擬則載有定限而接濟無所容矣此須海道嚴行設法如某寨責成某官某地責成某哨某處定以某號某澳東以某甲如此而謂通番之不可禁吾未之信也

稽船式稽裝載此實法也責在守港官譏司其鑰萬一防檢少疎縱其出海則亡命之徒倒行逆施非唯無可稽抑且不容稽矣

探知虛實何不直擣其巢穴

福洋要害論

三四月東南風汛番船多自粵趨閩而入於海南澚雲蓋寺走馬溪乃番船始發之處慣徒交接之所也附海有銅山玄鍾等哨之兵若先分兵守此則有以遏其衝而不得泊矣其勢必拋於外浯嶼外浯嶼乃五澚地方番人之巢窟也附海有浯嶼安邉等哨守之兵若先會兵守此仍撥小哨守把要緊港門則

必不敢以泊此矣其勢必趨於料羅烏沙料羅烏沙乃番船等候接濟之所也附近有官澚金門等哨守之兵若先會兵守此則又不敢以泊此矣其勢必趨於圍頭峻上圍頭峻上乃番船停留避風之門戶也附海有深扈福金哨守之兵若先會兵守此則又不敢以泊此矣其勢必趨於福興若趨於福興計其所經之地在南日則有岱隆湄州等處在小

自銅山玄鍾等哨至此堪擬連珠砲令人應接不暇

埕則有海壇連盤等處在烽火門則有官井流江九澳等處此賊船之所必泊者也若先會兵守此則又不敢泊矣來不得停泊去不得接濟船中水米有限人力易疲將有不攻而自遯者況乘其疲而夾力攻之豈有不勝者哉

果如所論則番船飄泊海洋無處著落矣雖然沿邊將士安肯齊心協力乃爾

五寨之設宛如
珠聯璧絡

福洋五寨會哨論

烽火門水寨設於福寧州地方以所轄官井沙埕羅浮南北中三哨其後官井洋添設水寨則又以羅江古鎮分爲二哨是在烽火官井當會哨者有五

小埕水寨設於福州府連江縣地方以所轄閩安鎮北茭焦山等七巡司爲南北中三哨是在小埕寨當會哨者有三

南日水寨設於興化府莆田縣地方以所轄冲心莆禧崇武等所司爲三哨而文澚港哨則近添設於平海之後是在南日當會哨者有四

浯嶼水寨設於泉州府同安縣地方上自圍頭以至南日下自井尾以抵銅山大約當會哨者有二

銅山水寨設於漳州府漳浦縣地方北自金

彼此會合循還無端一似織錦廻文

山以接浯嶼南自梅嶺以達廣東大約當會者其哨有二由南而哨北則銅山會之浯嶼浯嶼會之南日南日會之小埕小埕會之烽火而北來者無不備矣由北而哨南則烽火會之小埕小埕會之南日南日會之浯嶼浯嶼會之銅山而南來者無不備矣哨道聯絡勢如常山會捕合併陣

如魚麗防禦之法無踰於此

五寨會哨自可以出奇無窮曰常山曰魚麗其形容宛肖

按其形勢實爲可虞

福寧州論

八閩之地二面當海者二興泉是也一面當海者二福漳是也冦閩要衝晉江之深扈獺窟興化之冲心平海龍谿之海門漳浦之島尾南靖之九龍寨溪皆是也然莫有如福寧州之尤險者葢大地情勢自西北而東南至於福建盡之矣而福寧尤在福建之東南突出海中如人吐舌然其左爲甌括海居東面

賴有烽火官井
五哨外衛僅可
以支持

其右爲福興海居南面福寧獨當東南北三面之海倭船入寇必先犯此水寨之設職此之故也舊寨在州東北五六十里三沙海面永樂初所置抽用福州中左二衛福寧衛大金千戶所軍守之秦嶼羅浮官井洋胥屬焉正統間焦宏倡議風濤難泊徙今松山之下必復舊而後可

此巖邑也唯有深溝高壘足食足兵而已

貴辨風色夜宿星月海船之長技也

廣福浙兵船當會哨論

大海相連地畫有限若分界以守則孤圍受敵勢弱而危陳緝捕之謀能不有賴於相須乎愚考入番罪犯多係廣福浙三省之人通夥流劫南風汛則勾引夷船由廣東而上達於漳泉蔓延於興福北風汛則勾引夷船由浙而下達於福寧蔓延於興泉四方無賴又從而接濟之向導之若欲調兵剿捕攻東則

此輩實鑽穴鼠耳看共作事毋毋效三窟故智

竄西攻南則遁北急則潛移外境不能以窮追緩則旋復合䑸有難於卒殄北夷船與草撇船之大勢也又有一種奸徒見本處禁嚴勾引外省在福建者則於廣東之高潮等處造船浙江之寧紹等處置貨糾黨入番在浙江廣東者則於福建之漳泉等處造船置貨糾黨入番此三省之通弊也故福建捕之而廣浙不捕不可也廣浙捕之而福建不捕亦

立法亦可謂森嚴矣

不可也必嚴令各官於連界處會哨如在福建者下則哨至大成千戶所與廣東之兵會上則哨至松門千戶所與浙江之兵會在浙江者下則哨至流江等處與烽火之兵會在廣東者上則哨至南澳等處與銅山之兵會遇有倭患互爲聲援協謀會捕賊勢豈有不孤窮而海患豈有不戢寧者哉

三省會同出哨成鼎足之勢矣但海濶天空奸宄日

小事生將士互相覬望欲息游氛吾未見其別有長
策也

分列海上諸山如畫

浙江四參六總分哨論

浙海諸山其界有三黃牛山馬墓長塗冊子金塘大榭蘭秀劒山雙嶼雙塘六横韭山塘頭等山界之上也灘山滸山洋山馬蹟兩頭洞漁山三姑霍山徐公黃澤大小衢大佛頭等山界之中也花腦求芝絡華彈丸東庫陳錢壁下等山界之下也此倭寇必由之道也海防每値春汛戰船出海初哨以三月二哨

此最阨要去處畢竟參遊駐劄握重兵守禦庶幾無虞總練官

以四月三哨以五月小陽汛亦愼防之其南哨也至鎭下門南麂玉環烏沙門等山交於閩海而止其北哨也至洋山馬蹟灘滸衢山等處交於直海而止陳錢爲浙直分䑸之處則交相會哨遠探窮搜復於沈家門列兵船一枝以一指揮領之馬墓港列兵船一枝以一指揮領之舟山駐劄把總兼督水陸賊若流突中界也則沈家門馬墓兵船北截過長

職卑權輕恐難爲力也

若總參不時親出將士誰敢不用命

塗三姑而與浙西兵船相爲犄角南截過普陀青龍洋韭山而與溫台兵船相爲犄角賊若流突上界也總兵官自烈港督發舟師北截之於七里嶼觀海洋而參將自歸山洋督兵應援南截之於金塘崎頭洋而石浦梅山港兵船爲之應援是故今日之設險自內達外有三會哨於陳錢分哨於馬蹟洋山普陀大衢爲第一重出沈家門馬墓之師爲第二

規避原是將官從來通弊何處稽查

重總兵督發兵船爲第三重備至密也所患者海氣濵濛咫尺難辨風濤倐忽安危叵測兼之潮汐有順逆哨報有難易奸將往往藉以規避吾何從而綜覈之哉自海上用師以來擊來賊者僅一二見而要去賊者不過文其故縱之愆識者謂宜以擊來賊之賞優於追去賊之賞縱來賊之罰嚴於縱去賊之罰風汛時月正副總兵不拘警報有無而親出

海洋。嚴督各總僇力用命。以遏海寇於方來則何邊鄙不寧之有。

故縱來賊罪惡深重嚴刑所不待言若夫去賊可追則追不然有促其去而已耳何以罰爲

全盛時便爾作耗宜乎嘉靖間之兇悖無狀也

舟山論

信國公湯和經略海上區畫周密獨於舟山似有未妥者葢洪武間倭犯中界犯玉環犯小蒦寨皆浙東海濱信國所親見也其來也自五島開洋衝冒風濤困眩精神者數日至下八陳錢而始少憩然孤懸外海曠野蕭條必更歷數潮泊普陀烏沙門之類而後得覘我兵虛實以爲進止若定海之舟山又非普

昌國下應有一衛字

陀諸山之比其地則故縣治也其中爲里者四爲畧者八十三五穀之饒魚鹽之利可以食數萬衆不待取給於外乃倭寇貢道之所必由寇至浙洋未有不念此爲可巢者往年被其登據卒難驅除可以鑑矣我

太祖神明先見置昌國於其上屯兵戍守誠至計也信國以其民孤懸徙之內地改隸象山止設二所兵力單弱雖有沈家門水寨然舟

近今更自可虞

山地大。四面環海。賊舟無處不可登泊。設乘昏霧之間。假風潮之順。襲至舟山。海大。而哨船不多。豈能必禦之乎。愚以爲定海乃寧紹之門戶。舟山又定海之外藩也。必修復其舊制而後可

舊規不復吾恐舟山之憂不在島夷而在海洋之盜賊也

浙直福兵船會哨論

浙東地形與福建連壤浙西地形與蘇松連壤利害安危各有輔車相依之勢故初制責浙江巡撫總督浙直福分哨各官互爲聲援而不許自分彼已畫地有限責任相聯此

廟謨之所以爲善而海防之所以爲固也愚考海中山沙南起舟山北至崇明或斷或續暗沙連伏易於閣淺賊舟大者不能東西亂渡

陰沙泥濘易于膠舟雖兵船最

輕便未免有闊淺之失何物島夷亦知海道必奸人啟之也所以通番之禁不可不嚴

不難於標撥弟恐各哨彼此觀望耳

如遇東北風也必由下八陳錢馬蹟等山以犯浙江而流突乎蘇松如遇正東風也必由茶山西行以犯淮揚而流突乎常鎮如遇正北風也必由琉球以犯福建而流突乎温台三途窵遠瞭望難及須總兵官撥遊兵把總領哨千百戶等船往來會哨其在浙江也南則沈家門兵船哨至福建之烽火門而與小埕兵船相會北則馬墓兵船哨至蘇州洋之

洋山而與竹箔沙兵船相會其在蘇松也南則竹箔沙兵船哨至洋山而與浙江之馬墓兵船相會北則營前沙兵船哨至茶山而與江北之兵船相會諸哨絡繹連如長蛇群力合併齊如扛鼎南北夾擊彼此不容豈惟逐寇船於一時殆將靖寇患於無窮矣

聯屬諸哨責在巡撫須遵初制重其事權仍加以總督之任浙直始盡歸統屬不然東西互為參差南北

兩相牽制會哨之說祇應故事耳緩急奚賴哉

吳淞口與黃浦交會最爲衝要比來總兵移鎮於此

川沙南匯等堡所悉沿海邊守禦不可少地

蘇州水陸守禦論

蘇州爲畿輔望郡濱於大海自吳淞江口以南黃浦以東海壖數百里一望平坦皆賊逕道往因不能禦之於海致倭深入二府一州九縣之地無不剗殘其禍慘矣松江之有海塘而無港口者則自上海之川沙南匯華亭之青村柘林凡賊所據以爲巢窟者各設陸兵把總以屯守之而金山界於柘林乍浦之

此三路亦衝劇
近來隄防嚴密
聊以仰安

間尤爲直浙要衝特設總兵以爲陸兵之統
領又於其中添建游兵把總一員專駐金山
往來巡哨所以北衛松江而西援乍浦也至
於蘇州之沿海而多港口者則自嘉定之吳
淞所太倉之劉家河常熟之福山港凡賊舟
可入者各設水陸把總以堵截之而崇明孤
懸海中尤爲賊所必經之處特設參將以爲
水兵之領袖又於其中添置游兵把總二員

自叅將移駐金山水陸提調多所更易迄今海洋弭靖有不可勝言者矣

分駐竹冶營前二沙往來會哨所以巡視海洋而警報港口也内外夾持水陸兼備上之可以禦賊於外洋下之可以巡塘而拒守亦既精且密矣但調募客兵不如調土著之兵可調習而有常官造戰船不如顧民間造私船反堅久而省費是在當事者酌行之而已

蘇松海防所倚賴者無過兵船第招募客兵亦未爲不可至於戰船民造實爲堅久是當永爲例云

緊要之地衛護不妨過于稠密

江北設險方略論

淮揚二郡介於江淮之間東瀕大海賊舟出沒三面隄防爲難

國初備禦之制淮安設衛二内屬所五外屬所五揚州設衛三内屬所十四外屬所三復建兵府雖職司轉漕實示控扼之勢蓋南北之咽喉非他郡比也愚考其地形起自東南蓼角嘴以抵姚家蕩綿延三四百里除安豐

通州狼山以東及北乃大海洋一望無際倭船從此入犯甚便沿邊備禦之策不容緩矣

等三十六場俱在腹内不爲要害要害之地乃通州也狼山也楊樹港裏河鎮也餘東餘西等場也蓼角嘴呂四場也掘港新閘港也廟灣劉庄金沙場也其尤要者有三曰新場出入至近逼近揚州也曰北海所從以通新閘港且有鹽艘聚泊也曰廟灣其爲巨鎮而通大海口也當事者須設把總三人一駐新港一駐北海一駐廟灣更用陸路遊擊一員

駐劄海安則東可以控狼山通州海門之入而西可以捍衛揚州矣◎

二郡非惟江淮衛要抑且南北襟喉　國家之命脉所係而鎮巡其地者所當惴惴小心者也

此第一衝要去處非豪傑任推之臣設方略扞衛之不可

此不過獸聚鳥合之寇所在殺

江淮要害論

天下之水在北莫大於河在南莫大於江常鎮淮揚當江河入海之際雖極大艟艦皆可乘潮而入近歲倭寇佯言分劫其心之狡實欲自長江以趨留都自淮河以窺中原而終不敢深入者由四府之防禦堅也必水陸常會哨互援蒼福諸船順流以遏賊烽或出賊後賊若登岸則以團練之兵禦之此常勝之

掠耳若禦以節練之兵自無生還之理矣奚但勝哉

形也四郡無患則中原留都可以高枕而臥矣

東南一帶因邊海易於登岸且承平已久戰具不修故得任其猖獗若云爲我中原恐倭奴無此大志也

邇年登萊人過畨者亦未為少

山東預備論

倭患之作嶺嶠以北達於淮揚靡不受害而山東獨不之及者豈其無意於此哉亦以山東之民便於鞍馬而不便於舟楫無過畨下海之人為之嚮導接濟焉耳然邇年青齊之兵多為所據安知其中無識海道而勾引者乎愚觀山東諸郡民性彊悍樂於戰鬭倭之短兵不足以當其長鎗勁弩倭之步戰不足

二郡與聞之禍
寧州俱廢扞禦

以當其方軌列騎萬一至此是自喪其元也所虞者登萊突出海中三面受敵難於隄備

國朝專設備倭都指揮一員巡海副使一員分駐二郡衛所森嚴墩堡周備承平日久不無廢弛中明振勵庶幾其無患乎雖然倭船至岸而後禦之亦末矣孰若立水寨置巡船制寇於海洋山沙策之上也嘗聞宋以前日本入貢自新羅以趨山東今若入寇必由此路

賴有此以少過賊鋒

候其必泊處出奇兵擊之何如

但登萊之海危礁暗沙不可勝測非諳練之至則舟且不保何以迎敵而追擊乎故安東以北若勞山赤山竹篙旱門劉公芝界八角沙門三山諸島乃賊之所必泊而我之所當伺焉者也若白蓬頭槐子口橋鷄鳴嶼夫人嶼金嘴石倉廟淺灘亂礁乃賊之所必避而我之所當遠焉者也必嚴出洋之令勤會哨之期交牌信驗習熟有素則將來廟堂或修

成化壬辰以前多是海運因風濤之險特有所失后遂從開河

海運以備不虞之變亦大有賴焉獨禦寇云乎哉

青齊風氣剛勁其民勇於戰鬭倭奴憚焉不敢犯也但遼年與朝鮮爲難登萊相去頗近可以一帆而渡迄今會節分巡爲孔亟云

邊海屏翰森然
國初經制明備
知此

遼東軍餉論

經略朝鮮都御史丘澤萬世德補

遼東古營并地也其背爲沙漠花當吉列迷諸部落在焉其面爲滄溟其餘氣爲朝鮮
國朝設瀋陽遼陽三萬鐵嶺四衛統於開元以遏北狄之衝金復海蓋旅順諸軍聯屬海濱以防島夷之入烽堠星列營寨碁布東北藩籬可謂固矣洪武間倭寇嘗以玩南方之心

弘治十七年雖經由遼海未及登听

遼陽東至鴨綠江西至山海關一千四百六十里南至旅順海口北至開元城一千七十里

而玩遼東遼東之人以禦北狄之法而禦倭寇斬滅無遺海氛蕩熄劉江金線島之捷是巳二百餘年邊備如故獨萬曆二十年倭破朝鮮覬覦遼左天津所謀吏逆今數年尚屯兵駐拒釜山西生浦未歸

朝廷下明詔勑諭戒防但所虞者以地方千有餘里衛所軍旅凡九萬九千八百七十五員名除新募應援兵不計區區止藉山海關一

交乘之勢委實難支根本之地所當計之早也

路餽餉我
朝北都燕而遠漕江南粟又自
京師達於遼陽飛輓不繼邉卒輒呌呶待哺甚
至凶荒士卒相食萬一難守密邇
畿輔倭寇之日兼以虜騎乘間何以禦之此其
患不在兵之不彊而在食之不足食足則兵
彊兵彊則守固矣邇者登萊運米達遼甚便
惜其不多旋復止愚謂

國初軍屯商中之制至爲精當而大壞極敝司

國計者當深念而亟圖之不當專責之幕帥

而已也

遼東離北陲朔漠南枕滄濱然東西倚鴨綠長城爲固且開元廣寧各屯重兵鎮之屹然形勝之區也第西北竊發頗多島夷延生覬覦遂不容息肩矣區區一線之饋餉其能充數萬人之腹乎初制已久淹或未能猝如舊也幸有登萊便道暫行旋復中止惜哉

日本考略

吳郡殷都無美輯

日本古倭奴國，去中土甚遠，隔大海，依山島爲國邑。其地東高西下，東西數千里，南北數百里。九州居西爲首，陸奧居東爲尾，山城居中。其國君以王爲姓，歷世不易。漢時來朝者三十餘國，歷東漢、魏、晉、宋、隋皆入貢。唐咸亨初，更號日本。

國初洪武四年遣使臣朝貢永樂以來國王嗣
立皆受本
朝冊封其地有五畿七道以州統郡附庸之國
百餘
國初十年一貢由浙寧波達於
京師其人克狡無信洪武中數爲邊患沿海設
備倭以待之嘉靖初自宋素卿之亂始絕貢
路矣三十二年挾忿深入畿甸所過劫焚雖

費
朝廷百萬殲削之然亦無大志也萬曆二十年
關白以華人篡奪山城君吞併海外六十六
島大舉入寇攻破朝鮮擄王子陪臣留兵屯
駐釜山西生浦詭詞以要
中朝封貢其實寓窺伺遼左天津之意焉幸賴
天子聖明勑諭禁訂萬里海防壹戒謹備令考
其入寇之路其西北至高麗也必由對馬島

開洋南至琉球也必由薩摩州開洋順風七日其貢使之來必由博多開洋歷五島而入中國因造舟水手俱在博多故也若其入寇則隨風所之東北風猛則由薩摩或由五島至大小琉球而視風之變遷北多則犯廣東東多則犯福建若正東風猛則必由五島歷天堂官渡水而視風之變遷東北多則至烏沙門分䑸或過韮山海閘門而犯温州或由

舟山之南而犯定海犯象山奉化犯昌國犯台州正東風多則至李西㠗壁下陳錢分䑸或由洋山之南而犯臨觀犯錢塘或由洋山之北而犯青南犯太倉或過南沙而入大江若在大洋而風欻東南也則犯淮揚犯登萊若在五島開洋而南風方猛則趨遼陽趨天津大抵倭船之來恒在清明之後前乎此風候不常屆期方有東北風若過五月風自南

來倭不利於行矣重陽後風亦有東北者過十月風自西北來亦非倭所利矣故防春者以三四五月爲大汛九十月爲小汛其停橈之處焚劫之權若倭得而主之而其帆檣所向一視乎風實有天意存乎其間倭安得而主之哉今欲禦倭當取法於梅林公星布水寨截其往來多延智士間其所親時出哨洋撓其登岸厚賞將士鼓其敢勇倭縱狡悍必

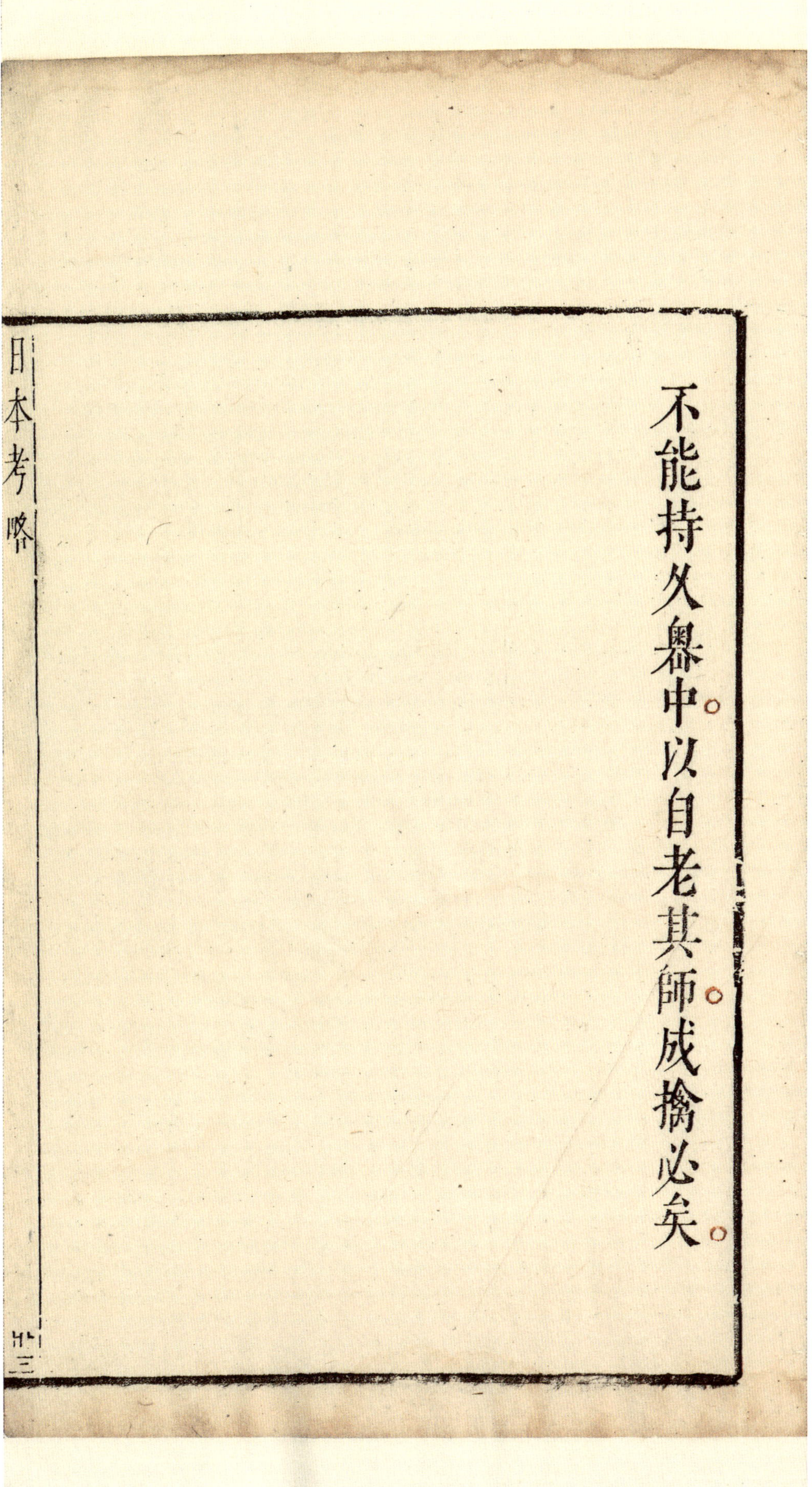
不能持久暴中。以自老其師。成擒必矣。

跋

右兵垣四要通若干卷陰符得之毘陵唐氏素書藏之先塋孫吳二子得之瑯琊王氏九邊圖論得之中州許氏海防圖論及日本考略得之疁城殷氏茲彙而梓之以傳者則張從父襄子氏也從父束髮讀書卽雅意經濟酒酣耳熱有齒及古俠烈丈夫事輒欣然慕之故其書窺二酉而九學富五兵盖其性然

也頃者遼左未靖羽書告急從戈卒不勝憤
憤焉自恨一書生不能借尺組生繫單于頸
則悉探秘笈不靳流傳以裨登坛請纓者考
焉而張不斂得其刊閲書成輒志數語蓋壯
心未吐徒按簡而咨嗟
國事方殷冀開卷而增益云耳
苕上後學閔暎張識

呂氏春秋二十六卷（卷一—卷十一）

（宋）陸游　評
（明）凌稚隆　批

明萬曆四十八年（一六二〇）凌毓枏刻朱墨套印本

原書高二十九點六釐米，寬十九釐米；

板框高二十一點二釐米，寬十四點六釐米。

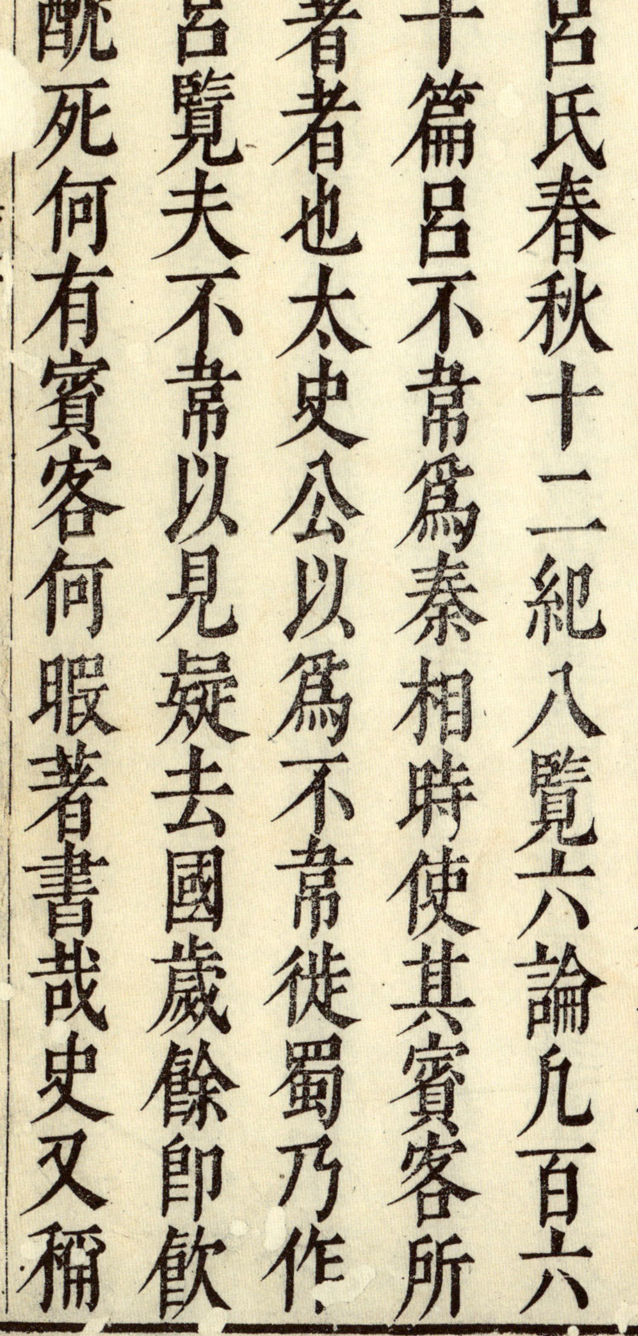

讀呂氏春秋

明方孝孺撰

呂氏春秋十二紀八覽六論凡百六十篇呂不韋爲秦相時使其賓客所著者也太史公以爲不韋徙蜀乃作呂覽夫不韋以見疑去國歲餘卽飲酖死何有賓客何暇著書哉史又稱

不韋書成懸之咸陽市置千金其上有易一字者輒與之不韋已徙蜀安得懸書於咸陽由此而言必爲相時所著太史公之言誤也不韋以大賈乘勢市奇貨致富貴而行不謹其功業無足道者特以賓客之書顯其名於後世况乎人君任賢以致治者乎

然其書誠有足取者其節喪安死篇譏厚葬之弊其勿躬篇言人君之要在任人用民篇言刑罰不如德禮達爵分職篇皆盡君人之道切中始皇之病其後秦卒以是數者僨敗亡國非知幾之士豈足以爲之哉第其時去聖人稍遠論道德皆本黄老書出

於諸人之所傳聞事多舛謬如以桑
穀共生爲成湯以魯莊與顏闔論馬
與齊桓伐魯魯請北關內侯皆非其
事而其時竟無敢易一字者豈畏不
帝勢而然耶然予獨有感焉世之謂
嚴酷者必曰秦法而爲相者乃廣致
賓客以著書書皆詆訾時君爲俗主

致數秦先王之過無所憚若是者皆後世之所甚諱而秦不以罪嗚呼然則秦法猶寬也

呂氏春秋叙

呂氏春秋一曰呂覽故秦相國文信侯不韋與其客所著書也當書成而不韋縣之咸陽市肆曰疇有能損益一字者予千金而竟莫能一字損益也其書頗行重梓之而閔叙于余余讀之未嘗不掩卷三歎也穆州之次

立言於品三而操觚之士若爲之小

屈然子柏以雄豪創起鼎革間顧歛

肰不自挾其有而以經世大業不朽

盛事舉而屬之文章彼誠有以見之

也不韋者一賈人子耳操子母之術

以間行於秦而得志焉舉秦之國於

股掌間挾其勁東向而瓜剖天下位

相國歸仲父爵通侯十萬戶彼豈有所不足哉而顧孜孜焉思成一家言以與諸儒生角而割後世名此猶未也不韋固莊生所不道莊生之識至欲齊死生平物我舉一切有為之跡而空之乃亦孜孜焉而務欲成一家言度其於辭不工不止故夫古之稱

立言者未有不為名使者也且以不韋之詭譎狙好豈其果與聞於道而其容亦務相尚為權奇錯厠於鷄鳴狗盜之雄雖間採聖賢之長辭以文之即中夜一静思驗其言於所為之跡有不泚惄汗浹者耶惟其機心之發觸而為機言覈削之於申韓辯巧

之於儀秦有不知其所以合者則固其恒也且也不韋之所為千金者再耳一用之而聾聵秦王剖其國柄再用之而聾瞽一世之士而剖其名雖淂之而佹失之雖失之而終徼淂之不韋固賈人子要亦其雄桀宋子徐子與其儕二三子俱能文章嗜古若

渴慕先聖不以人廢言之義而梓行之所謂芙蓉發於淤泥采之而已置淤泥勿問可也

瑯琊王世貞撰

吕氏春秋引

史稱吕氏春秋成而不韋懸之國門曰增易一字予千金而當時竟莫增易一字也遂使人不察有謂惜不及其時拾千金者噫賈人子欺人哉

彼其希心奇貨因而徼太子
脈祖龍嘗稱仲父咸陽市
人睹不可目能且懼至法
無能救非其又睹能眦睨
銖錙而蒙冒恭鑽而蓋不
章明眎國中莫能汪用而

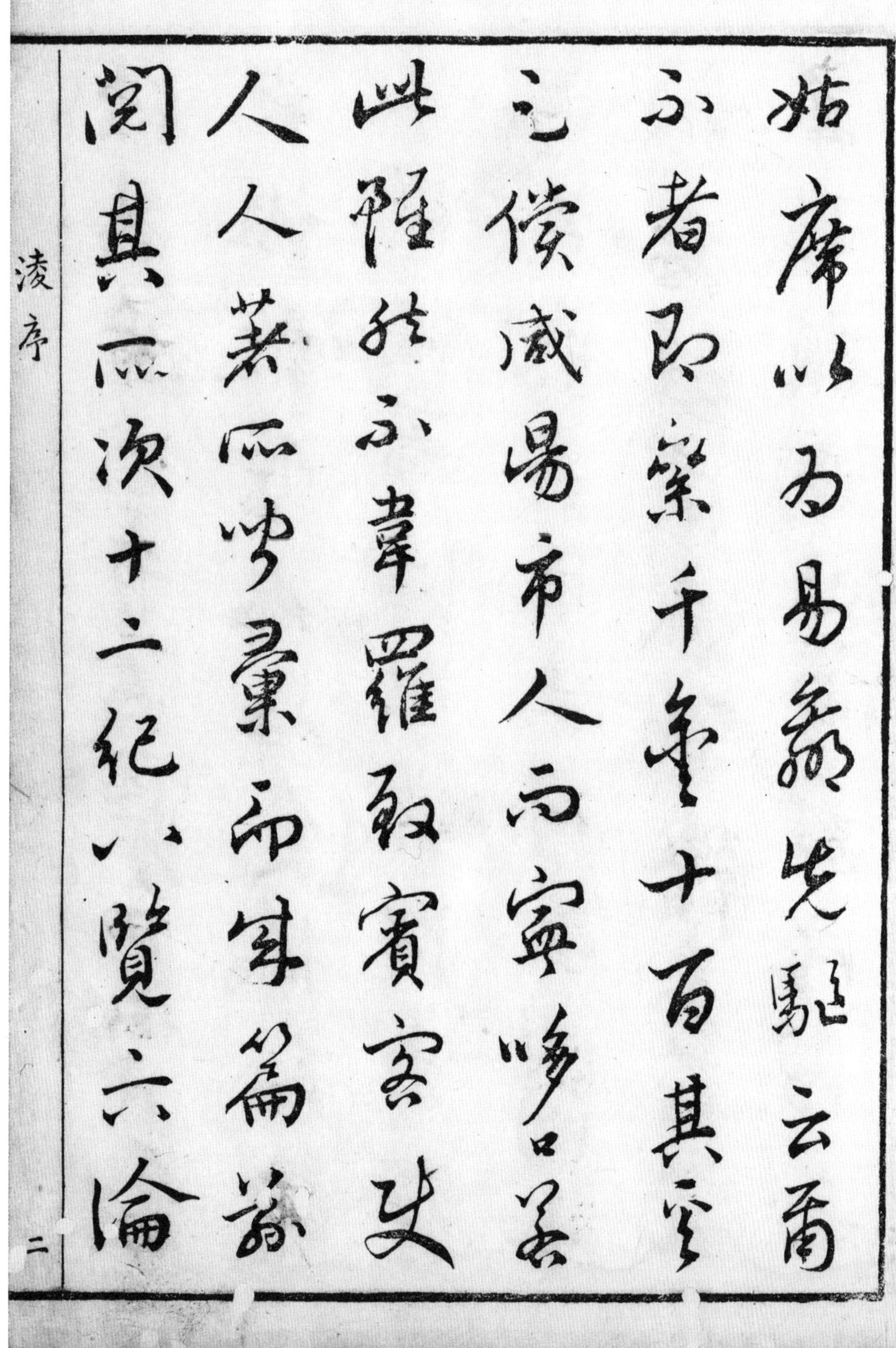

姑序以為易繇先驅云爾不若呂覽千金十百其言之價咸陽市人而寧哆口要此雖然不韋羅致賓客文人人著所聞彙而集篇籍閱其所次十二紀八覽六論

凌序

二

諸篇悉引古為鑒是非不
大謬於聖人迄今搢紳家
手是編而讀之若證亟稱
曰呂氏呂氏夫不韋以國為
利竟罹族滅孰與夫藉賓
客書題名後世者之為和

乎焉以為奇貨在此不在彼也而况乎不為不韋者哉無怪乎士之日藝藝思其一家言者

萬曆己丑秋日呈與淩稚隆以棟父書

續虞初志

呂氏春秋序

漢河東高誘撰

呂不韋者濮陽人也爲陽翟之富賈家累千金秦昭襄王者孝公之曾孫惠文王之孫武烈王之子也太子死以庶子安國君柱爲太子柱有子二十餘人所幸妃號曰華陽夫人華陽夫人無子安國君庶子名楚其母曰夏姬不甚得幸令楚質於趙而不能顧質數東攻趙趙不禮楚時不韋賈於邯鄲見之曰此奇貨也不可失乃見楚曰吾能大子之門楚曰何不大君之門乃

大吾之門耶不韋曰子不知也吾門待子門大
而大之楚默孝之不韋曰昭襄王老矣而安國
君爲太子竊聞華陽夫人無子能立適嗣者獨
華陽夫人耳請以千金爲子西行事安國君令
立子爲適嗣不韋乃以寶玩珍物獻華陽夫人
因言楚之賢以夫人爲天毋日夜涕泣思夫人
與太子夫人大喜言於安國君於是立楚爲適
嗣華陽夫人以爲已子使不韋傅之不韋取邯
鄲姬已有身楚見說之遂獻其姬至楚所生男

名之曰正楚立之爲夫人曁昭襄王薨太子安國君立華陽夫人爲后楚爲太子安國君立一年薨謚爲孝文王太子楚立是爲莊襄王以不韋爲丞相封爲文信侯食河南雒陽十萬戸莊襄王立三年而薨太子正立是爲秦始皇帝尊不韋爲相國號稱仲父不韋乃集儒書使著其所聞爲十二紀八覧六論訓解各十餘萬言備天地萬物古今之事名爲吕氏春秋暴之咸陽市門懸千金其上有能增損一字者與千金時

人無能增損者誘以爲時人非不能也蓋憚相國畏其勢耳然此書所尚以道德爲標的以無爲爲綱紀以忠義爲品式以公方爲檢格與孟軻孫卿淮南楊雄相表裏也是以著在録略誘正孟子章句作淮南孝經解畢訖家有此書尋繹案省大出諸子之右旣有脫誤小儒又以私意改定猶慮傳義失其本眞少能詳之故復依先師舊訓輒乃爲之解焉以述古儒之旨凡十七萬三千五十四言若有紕繆不經後之君子

鑒而裁之比其義焉

呂氏春秋總目

十二紀

凡六十一篇

八覽

有始覽　孝行覽

慎大覽　先識覽

審分覽　審應覽

離俗覽　恃君覽

凡六十三篇

六論

開春論　慎行論

貴直論　不苟論

似順論　士容論

凡三十六篇

右呂氏春秋揔二十六卷凡百六十篇餘杭鏤本亾三十篇而脫句漏字合三萬餘言此本傳之于東牟王氏今四明使君元豊初奉詔修書於資善堂取大清樓所藏本校定元祐壬申余卧疾京師喜得此書每藥艾之間手校之自秋涉冬朱黄始就即爲一客挾之而去後三年見歸而頗有欲得色余亦心許之得官江夏因募

筆工録之竟以手校本寄欲得者云鏡湖遺老記

按宋史陸游字務觀居鏡湖仕至文華閣待制封渭南伯孝宗朝南臺劾其恃酒頹放因自號曰放翁又曰遺老甞問松源嶽禪師云心傳之學可得聞乎師曰既是心傳豈從聞得公卽領解呈偈曰幾度驅車入帝京逢僧一例眼雙青今朝始覺禪家別說有談空要眼聽見宋史又見決喜志

呂氏春秋

第一卷

孟春紀凡五篇

孟春

本生

重己

貴公

去私

孟春營室候東
風命相司天穀
布農樂工習舞
明祀典禁毋伐
覆與稱戎

春秋首云春王
正月以其為一
歲冠四時也乃
其尊王之意此
首曰孟春者亦
倣春秋意也故
其說為最詳

東方甲乙木其
色青故其本服

呂氏春秋卷一

宋鏡湖遺老陸游評
明天目逸史凌稚隆批

孟春紀

正月紀

一曰孟春之月日在營室昏參中旦尾中其日甲乙其帝太皞其神句芒其蟲鱗其音角律中太簇其數八其味酸其臭羶其祀戶祭先脾東風解凍蟄蟲始振魚上冰獺祭魚候鴈北天子居青陽左个乘鸞輅駕蒼龍載青旂衣青衣服青玉食麥與羊其器疏以達是月也以立春先

亦各逆其數也

民以食爲天而孟春其萬物之所生王者重之重民生也

立春三日太史謁之天子曰某日立春盛德在木天子乃齋立春之日天子親率三公九卿諸侯大夫以迎春於東郊還乃賞公卿諸侯大夫於朝命相布德和令行慶施惠下及兆民慶賜遂行無有不當迺命太史守典奉法司天日月星辰之行宿離不忒無失經紀以初爲常是月也天子乃以元日祈穀于上帝乃擇元辰天子親載耒耜措之參于保介之御間率三公九卿諸侯大夫躬耕帝籍田天子三推三公五推卿

本子周禮參用最精確

用兵肅殺之盛屬于秋也用之

諸侯大夫九推反執爵于太寢三公九卿諸侯大夫皆御命曰勞酒是月也天氣下降地氣上騰天地和同草木繁動王布農事命田舍東郊皆修封疆審端徑術善相丘陵阪險原隰土地所宜五穀所殖以教道民必躬親之田事既飭先定準直農乃不惑是月也命樂正入學習舞乃修祭典命祀山林川澤犧牲無用牝禁止伐木無覆巢無殺孩蟲胎夭飛鳥無麛無卵無聚大衆無置城郭掩骼霾髊是月也不可以稱兵

于春乃金尅木象也自取殃耳

此巳火之氣所泄

此申金之氣所傷

此亥水之氣所淫

次紀正月亦春秋夏時尅周月意也首原順時著性之本復言天和神全之道

稱兵必有天殃兵戎不起不可以從我始無變天之道無絕地之理無亂人之紀孟春行夏令則風雨不時草木旱稿國乃有恐行秋令則民大疫疾風暴雨數至藜莠蓬蒿並興行冬令則水潦爲敗霜雪大摯首種不入

本生

二曰始生之者天也養成之者人也能養天之所生而勿攖之謂天子天子之動也以全天爲故者也此官之所自立也立官者以全生也今

世之惑主多官而反以害生則失所爲立之矣譬之若修兵者以備寇也今修兵而反以自攻則亦失所爲修之矣夫水之性清土者抇之故不得清人之性壽物者抇之故不得壽物也者所以養性也非所以性養也今世之人惑者多以性養物則不知輕重也不知輕重則重者爲輕輕者爲重矣若此則每動無不敗以此爲君悖以此爲臣亂以此爲子狂三者國有一焉無幸必亡今有聲於此耳聽之必慊已聽之則使

聲色臭味氣質之性乃為伐性之物故此詳論之

人聾必弗聽有色於此目視之必慊已視之則使人盲必弗視有味於此口食之必慊已食之則使人瘖必弗食是故聖人之於聲色滋味也利於性則取之害於性則舍之此全性之道也世之貴富者其於聲色滋味也多惑者日夜求幸而得之則遁焉遁焉性惡得不傷萬人操弓共射其一招招無不中萬物章章以害一生生無不傷以便一生生無不長故聖人之制萬物也以全其天也天全則神和矣目明矣耳聰矣

對諭

主意

此言天全神和之妙精之所感潛天而天潛地而地可上可下不驕不惽德行升降無所虧闕故曰德全

臭臭矣口敏矣三百六十節皆通利矣若此人者不言而信不謀而當不慮而得精通乎天地神覆乎宇宙其於物無不受也無不裹也若天地然上爲天子而不驕下爲匹夫而不惽此之謂全德之人貴富而不知道適足以爲患不如貧賤貧賤之致物也難雖欲過之奚由出則以車入則以輦務以自佚命之曰招蹷之機肥肉厚酒務以相彊命之曰爛腸之食靡曼皓齒鄭衛之音務以自樂命之曰伐性之斧三患者貴

照應警策

此篇首論有道者貴愼于愛己因及不愼之害復翻出順逆二字慨世人皆逆其生而使生不順由欲者汩之遂以醒人遷欲終論爲遷即節

富之所致也故古之人有不肯貴富者矣由重生故也非夸以名也爲其實也則此論之不可不察也

主意

重已

三曰倕至巧也人不愛倕之指而愛己之指有之利故也人不愛崑山之玉江漢之珠而愛己之一蒼璧小璣有之利故也今吾生之爲我有而利我亦大矣論其貴賤爵爲天子不足以比焉論其輕重富有天下不可以易之論其安危

借大事比論

根

也節性亦兩說適欲也總不出一慎字瞽師無目枕子以糠愛迷于目非利之也聾者不聞雷之聲反徐步窺見于堂喻人之大惑弗知慎者極懇切過真

一曙失之終身不復得此三者有道者之所慎也有慎之而反害之者不達乎性命之情也不達乎性命之情慎之何益是師者之愛子也不免乎枕之以糠是聾者之養嬰兒也方雷而窺之於堂有殊弗知慎者夫弗知慎者是死生存亡可不可未始有別也未始有別者其所謂是未嘗是其所謂非未嘗非是其所謂非非其所謂是此之謂大惑若此人者天之所禍也以此治身必死必殃以此治國必殘必亡夫死殃殘

一轉說到人主尤見風雲變態之妙

亡非自至也感召之也壽長至常亦然故有道者不察所召而察其召之者則其至不可禁矣此論不可不熟使烏獲疾引牛尾尾絕力勯而牛不可行逆也使五尺豎子引其棬而牛恣所以之順也世之人主貴人無賢不肖莫不欲長生久視而日逆其生欲之何益凡生長也順之也使生不順者欲也故聖人必先適欲室大則多陰臺高則多陽多陰則蹷多陽則痿此陰陽不適之患也是故先王不處大室不爲高臺味

詳論

燀讀曰亶
鞔讀曰懣

收只二句極警策令人猛省

不衆珍衣不燀熱燀熱則理寒理寒則氣不達味衆珍則胃充胃充則中大鞔中大鞔而氣不達以此長生可得乎昔先聖王之爲苑囿園池也足以觀望勞形而已矣其爲宮室臺榭也足以辟燥濕而已矣其爲輿馬衣裘也足以逸身煖骸而已矣其爲飲食酏醴也足以適味充虛而已矣其爲聲色音樂也足以安性自娛而已矣五者聖王之所以養性也非好儉而惡費也節乎性也

一作備

語云絜矩平天下之要道推己及人即公心也此一篇之大意

貴公

四曰昔先聖王之治天下也必先公公則天下平矣平得於公嘗試觀於上志有得天下者衆矣其得之以公其失之必以偏凡主之立也生於公故洪範曰無偏無黨王道蕩蕩無偏無頗遵王之義無或作好遵王之道無或作惡遵王之路天下非一人之天下也天下之天下也陰陽之和不長一類甘露時雨不私一物萬民之主不阿一人伯禽將行請所以治魯周公曰利

仲尼以天下為公故曰去荆老子以虛無為宗故曰去人

而勿利也荆人有遺弓者而不肯索曰荆人遺之荆人得之又何索焉孔子聞之曰去其荆而可矣老聃聞之曰去其人而可矣故老聃則至公矣天地大矣生而弗子成而弗有萬物皆被其澤得其利而莫知其所由始此三皇五帝之德也管仲有病桓公往問之曰仲父之病矣漬甚國人弗諱寡人將誰屬國管仲對曰昔者臣盡力竭智猶未足以知之也今病在於朝夕之中臣奚能言桓公曰此大事也願仲父之教寡

揔收上意而斷其當公極凱切

人也管仲敬諾曰公誰欲相公曰鮑叔牙可乎管仲對曰不可夷吾善鮑叔牙鮑叔牙之爲人也清廉潔直視不已若者不比於人一聞人之過終身不忘勿已則隰朋其可乎隰朋之爲人也上志而下求醜不若黃帝而哀不已若者其於國也有不聞也其於物也有不知也其於人也有不見也勿已乎則隰朋可也夫相大官也處大官者不欲小察不欲小智故曰大匠不斵大庖不豆大勇不鬭大兵不寇桓公行公去私

飭讀曰勑

堯舜不與子而與賢 祁黄羊忘

惡用管子而爲五霸長行私阿所愛用豎刁而蟲出於戶人之少也愚其長也智故智而用私不若愚而用公日醉而飾服私利而立公貪戾而求王舜弗能爲

去私

五曰天無私覆也地無私載也日月無私燭也四時無私行也（一作爲）行其德而萬物得遂長焉黃帝言曰聲禁重色禁重衣禁重香禁重味禁重室禁重堯有子十人不與其子而授舜舜有子九

仇而舉善忘親而舉子心至公也故首援引以證之

人不與其子而授禹至公也晉平公問於祁黃羊曰南陽無令其誰可而爲之祁黃羊對曰解狐可平公曰解狐非子之讐耶對曰君問可非問臣之讐也平公曰善遂用之國人稱善焉居有間平公又問祁黃羊曰國無尉其誰可而爲之對曰午可平公曰午非子之子耶對曰君問可非問臣之子也平公曰善又遂用之國人稱善焉孔子聞之曰善哉祁黃羊之論也外舉不避讐內舉不避子祁黃羊可謂公矣墨者有鉅

鉅子奉法而殺其子非恩也志無私也殺人以恐心害恩議之不知其法之輕重耳殺人之法鉅子焉得而廢之

王者無私以公天下伯者假無

子腹䵍居秦其子殺人秦惠王曰先生之年長矣非有他子也寡人已令吏弗誅矣先生之以此聽寡人也腹䵍對曰墨者之法曰殺人者死傷人者刑此所以禁殺傷人也夫禁殺傷人者天下之大義也王雖爲之賜而令吏弗誅腹䵍不可其不行墨者之法不許惠王而遂殺之子人之所私也忍所私以行大義鉅子可謂公矣庖人調和而弗敢食故可以爲庖若使庖人調和而食之則不可以爲庖矣王覇之君亦然誅

一本無

私以濟其公故末總收之以公以應起語

暴而不私以封天下之賢者故可以爲王霸若使王霸之君誅暴而私之則亦不可以爲王霸矣

呂氏春秋

第二卷

夾鐘雨水安元
有玄鳥雷分度
量同修闔錫川
氷薦寢上丁釋
采不一膚
萬物得陽而生
得陰而長故二
陰之月正物長
養之府也
是月屬甲乙納
音木其色青故

呂氏春秋卷二

仲春紀

二月紀

一曰仲春之月日在奎昏弧中旦建星中其日甲乙其帝太皡其神句芒其蟲鱗其音角律中夾鐘其數八其味酸其臭羶其祀戶祭先脾始雨水桃李華蒼庚鳴鷹化爲鳩天子居青陽太廟乘鸞輅駕蒼龍載青旂衣青衣服青玉食麥與羊其器疏以達是月也安萌牙養幼少存諸

車旂服色尚青也

仲春月記于高禖古禮也乃人君調燮陰陽之義非爲祈嗣行也

孤擇元日命人社命有司省囹圄去桎梏毋肆掠止獄訟是月也玄鳥至至之日以太牢祀于高禖天子親往后妃率九嬪御乃禮天子所御帶以弓韣授以弓矢于高禖之前是月也日夜分雷乃發聲始電蟄蟲咸動開戶始出先雷三日奮鐸以令于兆民曰雷且發聲有不戒其容止者生子不備必有凶災日夜分則同度量鈞衡石角斗桶正權槩是月也耕者少舍乃修闔扇寢廟必備毋作大事以妨農功是月也無竭

與酉金之氣所傷
與子水之氣所淫
與午火之氣所泄

川澤無漉陂池無焚山林天子乃獻羔開冰先薦寢廟上丁命樂正入舞舍采天子乃率三公九卿諸侯親往視之中丁又命樂正入學習樂是月也祀不用犧牲用圭璧更皮幣仲春行秋令則其國大水寒氣總至寇戎來征行冬令則陽氣不勝麥乃不熟民多相掠行夏令則國乃大旱煖氣早來蟲螟爲害

貴生

二曰聖人深慮天下莫貴於生夫耳目鼻口生

子州支父王子搜顔闔皆不以富貴害其生得貴生之要術也此説本之于老子

之役也耳雖欲聲目雖欲色鼻雖欲芬香口雖欲滋味害於生則止在四官者不欲利於生者則弗爲由此觀之耳目鼻口不得擅行必有所制譬之若官職不得擅爲必有所制此貴生之術也堯以天下讓於子州友父子州友父對曰以我爲天子猶可也雖然我適有幽憂之病方將治之未暇在天下也天下重物也而不以害其生又況於他物乎惟不以天下害其生者也可以託天下越人三世殺其君王子搜患之逃

王子搜淮南子云越王翳也

三段㨗引自天下而有國而家文勢頓挫聯絡有法得左氏之精神者

乎丹穴越國無君求王子搜而不得從之丹穴王子搜不肯出越人薰之以艾乘之以王輿王子搜援綏登車仰天而呼曰君乎獨不可以舍我乎王子搜非惡爲君也惡爲君之患也若王子搜者可謂不以國傷其生矣此固越人之所欲得而爲君也魯君聞顔闔得道之人也使人以幣先焉顔闔守閭鹿布之衣而自飯牛魯君之使者至顔闔自對之使者曰此顔闔之家耶顔闔對曰此闔之家也使者致幣顔闔對曰恐

聽繆而遺使者罪不若審之使者還反審之復來求之則不得巳故若顏闔者非惡富貴也由重生惡之也世之人主多以貴富驕得道之人其不相知豈不悲哉故曰道之貞以持身其緒餘以爲國家其土苴以治天下由此觀之帝王之功聖人之餘事也非所以完身養生之道也今世俗之君子危身棄生以狥物彼且奚以此之也彼且奚以此爲也凡聖人之動作也必察其所以之與其所以爲今有人於此以隨侯之

以一句收煞極有力且員轉周匝

六欲生死耳目口鼻也

珠彈千仞之雀世必笑之是何也所用重所要輕也夫生豈特隨侯珠之重也哉子華子曰全生爲上虧生次之死次之迫生爲下故所謂尊生者全生之謂所謂全生者六欲皆得其宜也所謂虧生者六欲分得其宜也虧生則於其尊之者薄矣其虧彌甚者也其尊彌薄所謂死者無有所以知復其未生也所謂迫生者六欲莫得其宜也皆獲其所甚惡者服是也辱是也辱莫大於不義故不義迫生也而迫生非獨不義

呂氏每一立論閒多于末句總見主意昔人謂惟過秦論則然政不知其祖于呂氏

老子云絕欲廢滅之說也聖賢之道寡欲而已

也故曰迫生不若死奚以知其然也耳聞所惡不若無聞目見所惡不若無見故雷則揜耳電則揜目此其比也凡六欲者皆知其所甚惡而必不得免不若無有所以知無有所以知者死之謂也故迫生不若死嗜肉者非腐鼠之謂也嗜酒者非敗酒之謂也尊生者非迫生之謂也

情欲

三曰天生人而使有貪有欲欲有情情有節聖人修節以止欲故不過行其情也故耳之欲五

全篇以節其欲爲貴生之道深淂聖賢之旨

貴不可淂之物寶難得之貨與之謂欲規求無足不可紀極不可盈猒此之謂求出生入死故曰大失生本

聲目之欲五色口之欲五味情也此三者貴賤愚智賢不肖欲之若一雖神農黃帝其與桀紂同聖人之所以異者得其情也由貴生動則得其情矣不由貴生動則失其情矣此二者死生存亡之本也俗主虧情故每動爲亡敗耳不可贍目不可厭口不可滿身盡府種筋骨沈滯血脈壅塞九竅寥寥曲失其宜雖有彭祖猶不能爲也其於物也不可得之爲欲不可足之爲求大失生本民人怨謗又樹大讎意氣易動蹻然

閔鍵

根

不固矜勢好智胸中欺詐德義之緩邪利之急身以困窮雖後悔之尚將奚及巧佞之近端直之遠國家大危悔前之過猶不可反聞言而驚不得所由百病怒起亂難時至以此君人爲身大憂耳不樂聲目不樂色口不甘味與死無擇古人得道者生以壽長聲色滋味能久樂之奚故論早定也論早定則知早嗇知早嗇則精不竭秋早寒則冬必煖矣春多雨則夏必旱矣天地不能兩而況於人類乎人之與天地也同萬

譬喻精當最切于人情

前譬養生後譏勞生

物之形雖異其情一體也故古之治身與天下者必法天地也尊酌者衆則速盡萬物之酌大貴之生者衆矣故大貴之生常速盡非徒萬物酌之也又損其生以資天下之人而終不自知功雖成乎外而生虧乎内耳不可以聽目不可以視口不可以食胸中大擾妄言想見臨死之上顛倒驚懼不知所爲用心如此豈不悲哉世人之事君者皆以孫叔敖之遇荆莊王爲幸自有道者論之則不

此亦就勞生上推說如此非理之正

全篇歷數帝王至列國之君得賢臣而與用匪人而敗先以老子之言引起下詳言之

然此荊國之桒荊莊王好周遊田獵馳騁弋射歡樂無遺盡傳其境內之勞與諸侯之憂於孫叔敖孫叔敖日夜不息不得以便生爲故故使莊王功迹著乎竹帛傳乎後世

當染

四曰墨子見染素絲者而歎曰染於蒼則蒼染於黃則黃所以入者變其色亦變五入而以爲五色矣故染不可不慎也非獨染絲紗也國亦有染舜染於許由伯陽禹染於皐陶伯益湯染

以染字點綴映醒題目中引自古所染當與所染不當者分四段結應對待嚴整

於伊尹仲虺武王染於太公望周公旦此四王者所染當故王天下立爲天子功名蔽天地舉天下之仁義顯人必稱此四王者夏桀染於羊辛岐踵戎殷紂染於崇侯惡來周厲王染於虢公長父榮夷終幽王染於虢公鼓祭公敦此四王者所染不當故國殘身死爲天下僇舉天下之不義辱人必稱此四王者齊桓公染於管仲鮑叔晉文公染於咎犯郄偃荊莊王染於孫叔敖沈尹蒸吳王闔廬染於伍員文之儀越王句

踐染於范蠡大夫種此五君者所染當故霸諸侯功名傳於後世范吉射染於張柳朔王生中行寅染於黃藉秦高彊吳王夫差染於王孫雄太宰嚭智伯瑤染於智國張武中山尚染於魏義樞長宋康王染於唐鞅田不禋此六君者所染不當故國皆殘亡身或死辱宗廟不血食絶其後類君臣離散民人流亡舉天下之貪暴可羞人必稱此六君者凡爲君非爲君而因榮也非爲君而因安也以爲行理也行理生於當染

轉一折勢如游龍

呂氏之學宗于老墨故屢稱之

故古之善爲君者勞於論人而佚於官事得其經也不能爲君者傷形費神愁心勞耳目國愈危身愈辱不知要故也不知要故則所染不當所染不當理奚由至六君者是已六君者非不重其國愛其身也所染不當也存亡故不獨是也帝王亦然非獨國有染也孔子學於老聃孟蘇夔靖叔魯惠公使宰讓請郊廟之禮於天子桓王使史角往惠公止之其後在於魯墨子學焉此二士者無爵位以顯人無賞祿以利人舉

天下之顯榮者必稱此二士也皆死久矣從屬彌衆弟子彌豐充滿天下王公大人從而顯之有愛子弟者隨而學焉無時乏絶子貢子夏曾子學於孔子田子方學於子貢段干木學於子夏吴起學於曾子禽滑釐學於墨子許犯學於禽滑釐田繫學於許犯孔墨之後學顯榮於天下者衆矣不可勝數皆所染者得當也

功名

五曰由其道功名之不可得逃猶表之與影若

通篇俱用借喻形容總以一二語點出正意

四喻長短參差不齊而意自足又以正意一句入之爲五可謂奇觀

呼之與響善釣者出魚乎十仞之下餌香也善弋者下鳥乎百仞之上弓良也善爲君者蠻夷反舌殊俗異習皆服之德厚也水泉深則魚鱉歸之樹木盛則飛鳥歸之庶草茂則禽獸歸之人主賢則豪傑歸之故聖王不務歸之者而務其所以歸彊令之笑不樂彊令之哭不悲彊令之爲道也可以成小而不可以成大缶醯黃蚋聚之有酸徒水則必不可以貍致鼠以冰致蠅雖工不能以茹魚去蠅蠅愈至不可禁以致之

桀紂句詞反意正以足上四喻章法精奇

之道去之也桀紂以去之之道致之也罰雖重刑雖嚴何益大寒旣至民煗是利大熱在上民清是走故民無常處見利之聚無之去欲爲天子民之所走不可不察今之世至寒矣至熱矣而民無走者取則行鈞也欲爲天子所以示民不可不異也行不異亂雖信令民猶無走民無走則王者廢矣暴君幸矣民絶望矣故當今之世有仁人在焉不可而不此務有賢主不可而不此事賢不肖不可以不相分若命之不可易

關鍵

若美惡之不可移桀紂貴爲天子富有天下能
盡害天下之民而不能得賢名之關龍逄王子
比干能以要領之死爭其上之過而不能與之
賢名名固不可以相分必由其理

呂氏春秋

第三卷

祖華鞠薦始乘
弁陽布司空水
惠修田獵躬桑
師理吉命儺前
是合累牛
人君紀曆明時
仰觀日月霜露
之變俯察昆虫
草木之化以授
民事是王政之
首務故呂氏紀
月爲最詳得帝

呂氏春秋卷三

季春紀

三月紀

一曰季春之月日在胃昏七星中旦牽牛中其日甲乙其帝太皞其神句芒其蟲鱗其音角律中姑洗其數八其味酸其臭羶其祀戶祭先脾桐始華田鼠化爲鴽虹始見萍始生天子居青陽右个乘鸞輅駕蒼龍載青旂衣青衣服青玉食麥與羊其器疏以達是月也天子乃薦鞠衣

王之精意也

天子發倉以賜貧之即周禮春省耕而補不足之意

于先帝命舟牧覆舟五覆五反乃告舟備具于天子焉天子焉始乘舟薦鮪于寢廟乃爲麥祈實是月也生氣方盛陽氣發泄生者畢出萌者盡達不可以內天子布德行惠命有司發倉窌賜貧窮振乏絶開府庫出幣帛周天下勉諸侯聘名士禮賢者是月也命司空曰時雨將降下水上騰循行國邑周視原野修利隄防導達溝瀆開通道路無有障塞田獵罝罘羅網畢弋餧獸之藥無出國門是月也命野虞無伐桑柘鳴

挾讀曰朕三輔謂之挾

鳩拂其羽戴任降于桑具挾曲蒙筐后妃齊戒親東鄉躬桑禁婦女無觀省婦使勸蠶事蠶事旣登分繭稱絲效功以共郊廟之服無有敢墮是月也命工師令百工審五庫之量金鐵皮革筋角齒羽箭幹脂膠丹漆無或不良百工咸理監工日號無悖於時無或作爲淫巧以蕩上心是月之末擇吉日大合樂天子乃率三公九卿諸侯大夫親往視之是月也乃合纍牛騰馬游牝于牧犧牲駒犢舉書其數國人儺九門磔禳

儺以畢春氣以迎夏氣

此丑土之氣所應

此未土之氣所應

此戌土之氣所應

上篇論因時生利此言因時去害生利去害君人之道盡矣利害二字是一篇開合樞紐

以畢春氣行之是令而甘雨至三旬季春行冬令則寒氣時發草木皆肅國有大恐行夏令則民多疾疫時雨不降山陵不收行秋令則天多沈陰淫雨早降兵革竝起

盡數

二曰天生陰陽寒暑燥濕四時之化萬物之變莫不爲利莫不爲害聖人察陰陽之宜辨萬物之利以便生故精神安乎形而年壽得長焉長也者非短而續之也畢其數也畢數之務在乎

去害何謂去害大甘大酸大苦大辛大鹹五者克形則生害矣大喜大怒大憂大恐大哀五者接神則生害矣大寒大熱大燥大濕大風大霖大霧七者動精則生害矣故凡養生莫若知本知本則疾無由至矣精氣之集也必有入也集於羽鳥與爲飛揚（一作翔）集於走獸與爲流行集於珠玉與爲精朗集於樹木與爲茂長集於聖人與爲夐明精氣之來也因輕而揚之因走而行之因美而良（一作善）之因長而養之因智而明之流水不

精不流則形爲軀殼何以厲一身之運用此知本之譚

腐戶樞不螻動也形氣亦然形不動則精不流精不流則氣鬱鬱處頭則爲腫爲風處耳則爲挶爲聾處目則爲𥈵爲盲處鼻則爲鼽爲窒處腹則爲張爲府處足則爲痿爲蹷輕水所多禿與瘻人重水所多尰與躄人甘水所多好與美人辛水所多疽與痤人苦水所多尫與傴人凡食無彊厚味無以烈味重酒是以謂之疾首食能以時身必無災凡食之道無饑無飽是之謂五藏之葆口必甘味和精端容將之以神氣百

結語曉諭精切應前知本意極是

通篇先言治天下必先治身次言治身之要後證以帝王五伯治身之事末復

節虞歡咸進受氣飲必小咽端直無戾今世上卜筮禱祠故疾病愈來譬之若射者射而不中反修于招（一作的）何益於中夫以湯止沸沸愈不止去其火則止矣故巫醫毒藥逐除治之故古之人賤之也爲其末也

先巳

三曰湯問於伊尹曰欲取天下若何伊尹對曰欲取天下天下不可取可取身將先取（一作取）凡事之本必先治身（主意）嗇其大寶用其新棄其陳腠理遂

以孔子之言明治身即可以治天下本末次序秩然有條轉折頓挫曲盡其妙

通精氣日新邪氣盡去及其天年此之謂眞人昔者先聖王成其身而天下成治其身而天下治故善響者不於響於聲善影者不於影於形爲天下者不於天下於身詩曰淑人君子其儀不忒其儀不忒正是四國言正諸身也故反其道而身善矣行義則人善矣樂備君道而百官（關鍵）已治矣萬民已利矣三者之成也在於無爲無爲之道曰勝天義曰利身君曰勿身勿身督聽利身平靜勝天順性順性則聰明壽長平靜則

歷叙不務戰而務脩德此正所謂欲取天下者必先治身

業進樂鄉督聽則姦塞不皇故上失其道則邊侵於敵內失其行名聲墮於外是故百仞之松本傷於下而末槁於上商周之國謀失於胸令困於彼故心得而聽得聽得而事得事得而功名得五帝先道而後德故德莫盛焉三王先教而後殺故事莫功焉五霸先事而後兵故兵莫彊焉當今之世巧謀竝行詐術遞用攻戰不休亡國辱主愈衆所事者末也夏后相與有扈戰於甘澤而不勝六卿請復之夏后相曰不可吾

主意

泉工意摠收數句照應起語文之有鈎力處

地不淺吾民不寡戰而不勝是吾德薄而教不善也於是乎處不重席食不貳味琴瑟不張鐘鼓不修子女不飭親親長長尊賢使能期年而有扈氏服故欲勝人者必先自勝欲論人者必先自論欲知人者必先自知詩曰執轡如組孔子曰審此言也可以爲天下子貢曰何其躁也孔子曰非謂其躁也謂其爲之於此而成文於彼也聖人組修其身而成文於天下矣故子華子曰丘陵成而穴者安矣大水深淵成而魚鼈

通段俱是解釋太上反諸己一句而得一知一一字始終不放是其根底究竟

安矣松栢成而塗之人已蔭矣孔子見魯哀公哀公曰有語寡人曰爲國家者爲之堂上而已矣寡人以爲迂言也孔子曰此非迂言也丘聞之得之於身者得之人失之於身者失之人不出於門戶而天下治者其惟知反於己身者乎

論人

四曰主道約君守近太上反諸己其次求諸人其索之彌遠者其推之彌疏其求之彌彊者失之彌遠何謂反諸己也適耳目節嗜欲釋智謀

字眼

知一則應物以下俱是反己之效

去巧故而游意乎無窮之次事心乎自然之塗若此則無以害其天矣無以害其天則知精知精則知神知神之謂得一凡彼萬形得一後成故知一則應物變化闊大淵深不可測也德行昭美比於日月不可息也豪士時之遠方來賓不可塞也意氣宣通無所束縛不可收也故知知一則復歸於樸嗜欲易足取養節薄不可得也離世自樂中情潔白不可量也威不能懼嚴不能恐不可服也故知知一則可動作當務與

以人影已設喻作句文有預埋起伏

時周旋不可極也舉錯以數取與遵理不可惑也言無遺者集肌膚不可華也讒人困窮賢者遂興不可匿也故知知一則若天地然則何事之不勝何物之不應譬之若御者反諸己則車輕馬利致遠復食而不倦昔上世之亡主以罪爲在人故日殺僇而不止以至於亡而不悟三代之興王以罪爲在己故日功而不衰以至於王何謂求諸人人同類而智殊賢不肖異皆巧言辯辭以自防禦此不肖王之所以亂也凡論

二句括盡論人之要人焉廋哉

人通則觀其所禮貴則觀其所進富則觀其所養聽則觀其所行止則觀其所好習則觀其所言窮則觀其所不受賤則觀其所不爲喜之以驗其守樂之以驗其僻怒之以驗其節懼之以驗其特哀之以驗其人苦之以驗其志八觀六驗此賢主之所以論人也論人者又必以六戚四隱何謂六戚父母兄弟妻子何謂四隱交友故舊邑里門郭內則用六戚四隱外則用八觀六驗人之情僞貪鄙美惡無所失矣譬之若逃

此論人君而云天地推其原也

管子謂臣勞者方主制者圜圜者運方者執則上下無邪此論蓋本之云

雨汙無之而非是此先聖王之所以知人也

圜道

五曰天道圜地道方聖王法之所以立上下何以說天道之圜也精氣一上一下圜周復雜無所稽留故曰天道圜何以說地道之方也萬物殊類殊形皆有分職不能相爲故曰地道方主執圜臣處方方圜不易其國乃昌日夜一周圜道也月躔二十八宿軫與角屬圜道也精行四時一上一下各與遇圜道也物動則萌萌而生

主意

人身九竅一者心也乃身之主耳目口鼻四肢八者形也一者壅閉則八者皆虛矣

生而長長而大大而成成乃衰衰乃殺殺乃藏圜道也雲氣西行云云然冬夏不輟水泉東流日夜不休上不竭下不滿小爲大重爲輕圜道也黄帝曰帝無常處也有處者乃無處也以言不刑蹇圜道也人之竅九一有所居則八虛八虛甚久則身斃故唯而聽唯止聽而視聽止以言說一一不欲留留運爲敗圜道也一也齊至貴莫知其原莫知其端莫知其終而萬物以爲宗聖王法之以令其性以定其正以

一作令

一作往

出號令令出於主口官職受而行之日夜不休宣通下究瀸於民心遂於四方還周復歸至于主所圜道也令圜則可不可善不善無所壅矣無所壅者主道通也故令者人主之所以為命也賢不肖安之危之所定也人之有形體四肢其能使之也為其感而必知也感而不知則形體四枝不使矣人臣亦然號令不感則不得而使矣有之而不使不若無有主也者使非有者也舜禹湯武皆然先王之立高官也必使之方

又以方字應上圜字周密懇到

此一轉更奇

方則分定分定則下不相隱堯舜賢主也皆以賢者爲後不肯與其子孫猶若立官必使之方今世之人主皆欲世勿失矣而與其子孫立官不能使之方以私欲亂之也何哉其所欲者之遠而所知者之近也今五音之無不應也其分審也宮徵商羽角各處其處音皆調均不可以相違此所以不受也賢主之立官有似於此百官各處其職治其事以待主主無不安矣以此治國國無不利矣以此備患患無由至矣

呂氏春秋

第四卷

孟夏紀凡五篇

一孟夏螻鳴賞慶
封樂師太尉繼
長增高徙嘗麥
靡秋至蠶畢方
酎先薄刑
時候推遷乘乎
氣機毫忽不忒
莫非陰陽之運
也呂氏摭拾古
今推按考驗最
為詳悉

呂氏春秋卷四

孟夏紀

四月紀

一曰孟夏之月日在畢昏翼中旦婺女中其日丙丁其帝炎帝其神祝融其蟲羽其音徵律中仲呂其數七其性禮其事視其味苦其臭焦其祀竈祭先肺螻蟈鳴丘蚓出王善生苦菜秀天子居明堂左个乘朱輅駕赤騮載赤旂衣赤衣服赤玉食菽與鷄其器高以觕是月也以立夏

（或作瓜）

先立夏三日太史謁之天子曰某日立夏盛德在火天子乃齋立夏之日天子親率三公九卿大夫以迎夏於南郊還乃行賞封侯慶賜無不欣說乃命樂司習合禮樂命太尉贊傑儁遂賢良舉長大行爵出祿必當其位是月也繼長增高無有壞隳無起土功無發大衆無伐大樹是月也天子始絺命野虞出行田原勞農勸民無或失時命司徒循行縣鄙命農勉作無伏于都是月也驅獸無害五穀無大田獵農乃收麥升

此申金之氣所泄
此亥水之氣所傷
此寅木之氣所淫

獻天子乃以彘嘗麥先薦寢廟是月也聚蓄百藥靡草死麥秋至斷薄刑決小罪出輕繫蠶事既畢后妃獻繭乃收繭稅以桑爲均貴賤少長如一以給郊廟之祭服是月也天子飲酎用禮樂行之是令而甘雨至三旬孟夏行秋令則苦雨數來五穀不滋四鄙入保行冬令則草木早枯後乃大水敗其城郭行春令則蟲蝗爲敗暴風來格秀草不實

勸學 一作觀師

二曰先王之教莫榮於孝莫顯於忠忠孝人君人親之所甚欲也顯榮人子人臣之所甚願也然而人君人親不得其所欲人子人臣不得其所願此生於不知理義不知理義生於不學學者師達而有材吾未知其不爲聖人聖人之所在則天下理焉在右則右重在左則左重是故古之聖王未有不尊師者也尊師則不論其貴賤貧富矣若此則名號顯矣德行彰矣故師之教也不爭輕重尊卑貧富而爭於道其人苟可

書曰謙受益滿招損人知尊師謙虛之至也乃可與學故曰疾學在于尊師

語極警策極委婉令人有警省處

其事無不可所求盡得所欲盡成此生於得聖人聖人生於疾學不疾學而能爲魁士名人者未之嘗有也疾學在於尊師師尊則言信矣道論矣故往教者不化召師者不化自卑者不聽卑師者不聽師操不化不聽之術而以彊教之欲道之行身之尊也不亦遠乎學者處不化不聽之勢而以自行欲名之顯身之安也是懷腐而欲香也是入水而惡濡也凡說者兌之也非說之也今世之說者多弗能兌而反說之夫弗

王公大人以至天子尚尊其師況學乎此見師之不可不尊照應前意甚密

能兌而反說是拯溺而硾之以石也是救病而飲之以堇也使世益亂不肖主重惑者從此生矣故爲師之務在於勝理在於行義理勝義立則位尊矣王公大人弗敢驕也上至於天子朝之而不慙凡遇合也合不可必遺理釋義以要不可必而欲人之尊之也不亦難乎故師必勝理行義然後尊曾子曰君子行於道路其有父者可知也其有師者可知也夫無父而無師者餘若夫何哉此言事師之猶事父也曾點使曾

古之賢者二句總上意而收結又精密無縫有含蓄不盡意

歷叙古聖賢尊師之事以及戰國受學之類見成身莫大于學而學莫大于尊

參過期而不至人皆見曾點曰無乃畏耶曾點曰彼雖畏我存夫安敢畏孔子畏於匡顏淵後孔子曰吾以汝爲死矣顏淵曰子在回何敢死顏回之於孔子也猶曾參之事父也古之賢者與其尊師若此故師盡智竭道以教

尊師

三曰神農師悉諸黃帝師大撓帝顓頊師伯夷父帝嚳師伯招帝堯師子州（一作叉）父帝舜師許由禹師大成贄湯師小臣（謂伊尹）文王武王師呂望周公旦

師援今引古詞意精切可爲一篇勉學訓

深入人情

齊桓公師管夷吾晉文公師咎犯隨會秦穆公師百里奚公孫枝楚莊王師孫叔敖沈申巫吳王闔閭師伍子胥文之儀越王句踐師范蠡大夫種此十聖人六賢者未有不尊師者也今尊不至於帝智不至於聖而欲無尊師奚由至哉此五帝之所以絕三代之所以滅且天生人也而使其耳可以聞不學其聞不若聾使其目可以見不學其見不若盲使其口可以言不學其言不若爽使其心可以知不學其知不若狂故

緊緊鎖住

上之不能法古聖賢之尊師則下而好學如彼萬免刑戮之華亦不失天下之顯名與立言者特衆世之意也

凡學非能益也達天性也能全天之所生而勿敗之是謂善學子張魯之鄙家也顔涿聚梁父之大盜也學於孔子段干木晉國之大駔也學於子夏高何縣子石齊國之暴者也指於鄉曲學於子墨子索盧參東方之鉅狡也學於禽滑黎此六人者刑戮死辱之人也今非徒免於刑戮死辱也由此爲天下名士顯人以終其壽王公大人從而禮之此得之於學也凡學必務進業心則無營疾諷誦謹司聞觀驩愉問書意順

主意

此下卻是教人下手用工處縷縷陳述引喻親切

耳目不逆志退思慮求所謂時辨說以論道不苟辨必中法得之無矜失之無慙必反其本生則謹養謹養之道養心爲貴死則敬祭敬祭之術時節爲務此所以尊師也治唐圃疾灌寖務種樹織葩屨結罝網捆蒲葦之田野力耕耘事五穀如山林入川澤取魚鼈求鳥獸此所以尊師也視輿馬愼駕御適衣服務輕煗臨飲食必蠲絜善調和務其肥必恭敬和顏色審辭令疾趨翔必嚴肅此所以尊師也君子之學也說義

一作棠

一作順

必稱師以論道聽從必盡力以光明聽從不盡力命之曰背說義不稱師命之曰叛背叛之人賢主弗內之於朝君子不與交友故教也者義之大者也學也者知之盛者也義之大者莫大於利人利人莫大於教知之盛者莫大於成身成身莫大於學身成則爲人子弗使而孝矣爲人臣弗令而忠矣爲人君弗彊而平矣有大勢可以爲天下正矣故子貢問孔子曰後世將何以稱夫子孔子曰吾何足以稱哉勿已者則好

學而不厭好教而不倦其惟此耶天子入太學祭先聖則齒嘗爲師者弗臣所以見敬學與尊師也

誣徒

四曰達師之教也使弟子安焉樂焉休焉游焉肅焉嚴焉此六者得於學則邪辟之道塞矣理義之術勝矣此六者不得於學則君不能令於臣父不能令於子師不能令於徒人之情不能樂其所不安不能得於其所不樂爲之而樂矣

名言

嗜乎理義去乎暴慢所謂友諸人情也深中時弊

奚待賢者雖不肖者猶若勸之爲之而苦矣奚待不肖者雖賢者猶不能久反諸人情則得所以勸學矣子華子曰王者樂其所以王亡者亦樂其所以亡故烹獸不足以盡獸嗜其脯則幾矣然則王者有嗜乎理義也亡者亦有嗜乎暴慢也所嗜不同故其禍福亦不同不能教者志氣不和取舍數變固無恒心若晏陰喜怒無處言談日易以恣自行失之在巳不肯自非愎過自用不可證移見權親勢及有富厚者不論其

故敎人情權見至隱如老吏詳案

材不察其行敺而教之阿而諂之若恐弗及弟子居處修潔身狀出倫聞識疏達就學敏疾本業幾終者則從而抑之難而懸之妬而惡之弟子去則冀終居則不安歸則愧於父母兄弟出則慙於知友邑里此學者之所悲也此師徒相與異心也人之情惡異於己者此師徒相與造怨尤也人之情不能親其所怨不能譽其所惡學業之敗也道術之廢也從此生矣善教者則不然視徒如己反己以教則得教之情矣所加

連用六則字語氣甚急文有姿態不見重複

於人必可行於己若此則師徒同體人之情愛同於己者譽同於己者助同於己者學業之章明也道術之大行也從此生矣不能學者從師苦而欲學之功也從師淺而欲學之深也草木雞狗牛馬不可譙詬遇之（一作讓）譙詬遇之則亦譙詬報人又況乎達師與道術之言乎故不能學者遇師則不中用心則不專好之則不深就業則不疾辯論則不審教人則不精於師慍懷於俗羈神於世矜勢好尤故湛於巧智昏於小利惑

借喻以起正意最醒人眼最能發人胸次

假人之長以補短二句乃一篇主意

於胥欲問事則前後相悖以章則有異心以簡則有相反離則不能合合則弗能離事至則不能受此不能學者之患也

用衆 一作善學

五曰善學者若齊王之食鷄也必食其跖數千而後足雖不足猶若有跖物固莫不有長莫不有短人亦然故善學者假人之長以補其短故假人者遂有天下無醜不能無惡不知醜不能惡不知病矣不醜不能不惡不知尚矣雖桀紂

先借生長二字泛說影出一衆字

猶有可畏可取者而況於賢者乎故學士曰辯議不可不爲辯議而苟可爲是教也教大議也辯議而不可爲是被褐而出衣錦而入戎人生乎戎長乎戎而戎言不知其所受之楚人生乎楚長乎楚而楚言不知其所受之今使楚人長乎戎戎人長乎楚則楚人戎言戎人楚言矣由是觀之吾未知亡國之主不可以爲賢主也其所生長者不可耳故所生長不可不察也天下無粹白之狐而有粹白之裘取之衆白也夫取

奇偉精微真千古未發之秘

於衆此三皇五帝之所以大立功名也凡君之所以立出乎衆也立已定而舍其衆是得其末而失其本得其末而失其本不聞安居故以衆勇無畏乎孟賁矣以衆力無畏乎烏獲矣以衆視無畏乎離婁矣以衆知無畏乎堯舜矣夫以衆者此君人之大寶也田駢謂齊王曰孟賁庶乎患術而邊境弗患楚魏之王辭言不說而境內已修備矣兵士已修用矣得之衆也

呂氏春秋

第五卷

仲夏紀凡五篇

仲夏

大樂

侈樂

適音一作和樂

古樂

暑比鞀祈雩蚕
嘗門閭挺别目
長爭齋心静事
無刑定鹿解高
明後火南
仲夏值五陽之
候當南方之正
直午位之中星
随西轉無刻不
有中星
位居南離火之

呂氏春秋卷五

仲夏紀

五月紀

一曰仲夏之月日在東井昏亢中旦危中其日丙丁其帝炎帝其神祝融其蟲羽其音徵律中蕤賓其數七其味苦其臭焦其祀竈祭先肺小暑至螳蜋生鵙始鳴反舌無聲天子居明堂太廟乘朱輅駕赤騮載赤旂衣朱衣服赤玉食菽與雞其氣高以觕養壯狡是月也命樂師修鞀

象也其色赤故車旂服飾皆尚赤

天體北高而南下地土平着其中日近北則去地遠而出早入遲故晝長日近南則去地近而出遲入早故晝

鞞鼓均琴瑟管簫執干戚戈羽調竽笙塤篪飭鍾磬柷敔命有司爲民祈祀山川百原大雩帝用盛樂乃命百縣雩祭祀百辟卿士有益於民者以祈穀實農乃登黍是月也天子以雛嘗黍羞以含桃先薦寢廟令民無刈藍以染無燒炭無暴布門閭無閉關市無索挺重囚益其食游牝別其羣則縶騰駒班馬正是月也長日至陰陽爭死生分君子齋戒處必掩身欲靜無躁止聲色無或進薄滋味無致和退嗜慾定心氣百

短仲夏建午則漸南漸北故曰長至

以子水之氣所傷

以卯木之氣所淫

以酉金之氣所洩

原樂之所作本于天地之和乃推本溯源之論

官靜事無刑以定晏陰之所成鹿角解蟬始鳴半夏生木堇榮是月也無用火南方可以居高明可以遠眺望可以登山陵可以處臺榭仲夏行冬令則雹霰傷穀道路不通暴兵來至行春令則五穀晚熟百螣時起其國乃饑行秋令則草木零落果實早成民殃於疫

大樂

二曰音樂之所由來者遠矣生於度量本於太一太一出兩儀兩儀出陰陽陰陽變化一上一

下合而成章渾渾沌沌離則復合合則復離是謂天常天地車輪終則復始極則復反莫不咸當日月星辰或疾或徐日月不同以盡其行四時代興或暑或寒或短或長或柔或剛萬物所出造（一作本）於太一化於陰陽萌芽始震凝凓以形形體有處莫不有聲聲出於和和出於適和適先王定樂由此而生天下太平萬物安寧皆化其上樂乃可成成樂有具必節嗜慾嗜慾不辟樂乃可務務樂有術必由平出平出於公公出於

人弗得不辟句說入玄妙令人最警省處

道故惟得道之人其可與言樂乎亡國戮民非無樂也不樂其樂溺者非不笑也罪人非不歌也狂者非不武也亂世之樂有似於此君臣失位父子失處夫婦失宜民人呻吟其以爲樂也若之何哉凡樂天地之和陰陽之調也始生人者天也人無事焉天使人有欲人弗得不求天使人有惡人弗得不辟欲與惡所受於天也人不得與焉不可變不可易世之學者有非樂者矣安由出哉大樂君臣父子長少之所懽欣而

議論有根據有源委

說也權欣生於平平生於道道也者視之不見聽之不聞不可爲狀有知不見之見不聞之聞無狀之狀者則幾於知之矣道也者至精也不可爲形不可爲名彊爲之謂之太一故一也者制令兩也者從聽先聖擇兩法一是以知萬物之情故能以一聽政者樂君臣和遠近說黔首合宗親能以一治其身者免於災終其壽全其天能以一治其國者姦邪去賢者至成大化能以一治天下者寒暑適風雨時爲聖人故知一

大樂以和民情治之隆替係之故樂之所作而民之憂喜頓殊者無他上之所感者異耳豈曰聲音而已哉此起處總括殆盡

則明明兩則狂

侈樂

三曰人莫不以其生生而不知其所以生人莫不以其知知而不知其所以知知其所以知之謂知道不知其所以知之謂棄寶棄寶者必離其咎（一作苦）世之人主多以珠玉戈劒爲寶愈多而民愈怨國人愈危身愈危累則失寶之情矣亂世之樂與此同爲木革之聲則若雷爲金石之聲則若霆爲絲竹歌舞之聲則若譟以此駭心氣

千鍾大呂巫音
皆諸國之侈樂

動耳目搖蕩生則可矣以此爲樂則不樂故樂愈侈而民愈鬱國愈亂主愈卑則亦失樂之情矣凡古聖王之所爲貴樂者爲其樂也夏桀殷紂作爲侈樂大鼓鍾磬管簫之音以鉅爲美以衆爲觀俶詭殊瑰耳所未嘗聞目所未嘗見務以相過不用度量宋之衰也作爲千鍾齊之衰也作爲大呂楚之衰也作爲巫音侈則侈矣自有道者觀之則失樂之情失樂之情其樂不樂樂不樂者其民必怨其生必傷其王之與樂也

譬猶凱切令人警發

若冰之於炎日反以自兵此生乎不知樂之情而以侈爲務故也樂之有情譬之若肌膚形體之有情性也有情性則必有性養矣寒溫勞逸饑飽此六者非適也凡養也者瞻非適而以之適者也能以久處其適則生長矣生也者其身固靜或而後知或使之也遂而不返制乎嗜欲制乎嗜欲無窮則必失其天矣且夫嗜欲無窮則必有貪鄙浮亂之心淫佚姦詐之事矣故彊者劫弱衆者暴寡勇者凌怯壯者慠幼從此生

矣

適音

一作和樂

四曰耳之情欲聲心不樂五音在前弗聽目之情欲色心不樂五色在前弗視鼻之情欲芬香心弗樂芬香在前弗嗅口之情欲滋味心弗樂五味在前弗食欲之者耳目鼻口也樂之弗樂者心也心必和平然後樂心必樂然後耳目鼻口有以欲之故樂之務在於和心和心在於行適夫樂之有適心非有適人之情欲壽而惡夭

主意

勝理以治身則耳目口鼻之欲皆中其則何至于蕩此澄源之論

欲安而惡危欲榮而惡辱欲逸而惡勞四欲得四惡除則心適矣四欲之得也在於勝理勝理以治身則生全以生全則壽長矣勝理以治國則法立法立則天下服矣故適心之務在於勝理夫音亦有適太鉅則志蕩以蕩聽鉅則耳不容弗容則横塞横塞則振動太小則志嫌以嫌聽小則耳不克不克則不詹不詹則窕太清則志危以危聽清則耳谿極谿極則不鑒不鑒則竭太濁則志下以下聽濁則耳不收不收則不

音聲之道與政通故觀其樂則知其政與毀只就季札觀樂篇玩味便識其槩

特不特則怒故太鉅太清太小太濁皆非適也何謂適衷音之適也何謂衷大不出鈞重不過石小大輕重之衷也黃鍾之宮音之本也清濁之衷也衷也者適也以適聽適則和矣樂無太平和者是也故治世之音安以樂其政平也亂世之音怨以怒其政乖也亡國之音悲以哀其政險也凡音樂通乎政而移風平俗者也俗定而音樂化之矣故有道之世觀其音而知其俗矣觀其政而知其主矣故先王必託於音樂以

論其教清廟之瑟朱弦而疏越一唱而三嘆有進乎音者矣大饗之禮上玄尊而俎生魚大羹不和有進乎味者也故先生之制禮樂也非特以歡耳目極口腹之欲也將教民平好惡行理義也

古樂

五曰樂所由來者尚也必不可廢有節有侈正有淫矣賢者以昌不肖者以亡昔古朱襄氏之治天下也多風而陽氣畜積萬物散解果實

不成故士達作爲五弦瑟以來陰氣以定羣生昔葛天氏之樂三人摻牛尾投足以歌八闋一曰載民二曰玄鳥三曰遂草木四曰奮五穀五曰敬天常六曰達帝功七曰依地德八曰總萬物之極昔陶唐氏之始陰多滯伏而湛積水道壅塞不行其原民氣鬱閼而滯著筋骨瑟縮不達故作爲舞以宣導之昔黃帝令伶倫作爲律伶倫自大夏之西乃之阮隃之陰取竹於嶰谿之谷以生空竅厚鈞者斷兩節間其長三寸九

歷叙帝王作樂之始井然有條而文法變幻奇瓌層覩不見重複

分而吹之以爲黄鍾之宫次日舍少次制十二筒以之阮隃之下聽鳳凰之鳴以别十二律其雄鳴爲六雌鳴亦六以比黄鍾之宫適合黄鍾之宫皆可以生之故曰黄鍾之宫律吕之本黄帝又命伶倫與榮將（一作援）鑄十二鍾以和五音以施英韶以仲春之月乙卯之日日在奎始奏之命之曰咸池帝顓頊生自若水實處空桑乃登爲帝惟天之合正風乃行其音若熙熙淒淒鏘鏘帝顓頊好其音乃令飛龍作效八風之音命之

兩手相擊曰抃

曰承雲以祭上帝乃令鱓先爲樂倡鱓乃偃浸以其尾鼓其腹其音英帝嚳命咸黑作爲聲歌（一作唐）九招六列六英有倕作爲鞞鼓鍾磬吹苓管壎篪鞀椎鍾帝嚳乃令人抃或鼓鞞擊鍾磬吹苓展管篪因令鳳鳥天翟舞之帝嚳大喜乃以康帝德帝堯立乃命質（一作部）爲樂質乃效山林谿谷之音以歌乃以麋輅置缶而鼓之乃拊石擊石以象上帝玉磬之音以致舞百獸瞽叟乃拌五絃之瑟作以爲十五絃之瑟命之曰大章以祭上

帝舜立仰延乃拌瞽叟之所爲瑟益之八絃以爲二十三絃之瑟帝舜乃令質修九招六列六英以明帝德禹立勤勞天下日夜不懈通大川決壅塞鑿龍門降通漻水以導河疏三江五湖注之東海以利黔首於是命皋陶作爲夏籥九成以昭其功殷湯卽位夏爲無道暴虐萬民侵削諸侯不用軌度天下患之湯於是率六州以討桀罪功名大成黔首安寧湯乃命伊尹作爲大護歌晨露修九招六列以見其善周文王處

一作誅

故樂二句總收一篇之意

岐諸侯去殷三淫而翼文王散宜生曰殷可伐也文王弗許周公旦乃作詩曰文王在上於昭于天周雖舊邦其命維新以繩文王之德武王卽位以六師伐殷六師未至以銳兵克之於牧野歸乃薦俘馘于京太室乃命周公爲作大武成王立殷民反王命周公踐伐之商人服象爲虐于東夷周公遂以師逐之至於江南乃爲三象以嘉其德故樂之所由來者尚矣非獨爲一世之所造也

呂氏春秋

第六卷

季夏紀凡五篇

季夏

音律

音初

制樂

明理

温風始至命漁師澤納財芳監合芻婦官染采木方盛不可興功濟暑時

西方屬秋之令也六月夏氣畢而秋氣將生天子居明向南而

呂氏春秋卷六

季夏紀

六月紀

一曰季夏之月日在柳昏心中旦奎中其日丙丁其帝炎帝其神祝融其蟲羽其音徵律中林鍾其數七其味苦其臭焦其祀竈祭先肺涼風始至蟋蟀居宇鷹乃學習腐草化為螢蚈天子居明堂右个乘朱輅駕赤騮載赤旂衣朱衣服赤玉食菽與雉其器高以觕是月也令漁師伐

頏西室蓋以畢夏氣而近秋氣也

蛟取鼉升龜取黿乃命虞人入材葦是月也令四監大夫合百縣之秩芻以養犧牲令民無不咸出其力以供皇天上帝名山大川四方之神以祀宗廟社稷之靈爲民祈福是月也命婦官染采黼黻文章必以法故無或差忒黑黃蒼赤莫不質良勿敢僞詐以給郊廟祭祀之服以爲旗章以別貴賤等級之度是月也樹木方盛乃命虞人入山行木無或斬伐不可以興土功不可以合諸侯不可以起兵動衆毋舉大事以搖

此辰土之氣所應
此戌土之氣所應
此丑土之氣所應

蕩於氣毋發令而干時以妨神農之事水潦盛昌命神農將巡功舉大事則有天殃是月也土潤溽暑大雨時行燒薙行水利以殺草如以熱湯可以糞田疇可以美土疆行之是令是月甘雨三至三旬二日季夏行春令則穀實解落國多風欬人乃遷徙行秋令則丘隰水潦禾稼不熟乃多女災行冬令則寒氣不時鷹隼早鷙四鄙入保中央土其日戊巳其帝黃帝其神后土其蟲倮其音宮律中黃鍾之宮其數五其味甘

先叙音律相生之妙次詳人君順時之政議論精確

其臭香其祀中霤祭先心天子居太廟太室乘大輅駕黄騂載黄旂衣黄衣服黄玉食稷與牛其器圜以揜（一作揜以閎）

音律

二曰黄鐘生林鐘林鐘生太蔟太蔟生南呂南呂生姑洗姑洗生應鐘應鐘生蕤賓蕤賓生大呂大呂生夷則夷則生夾鐘夾鐘生無射無射生仲呂三分所生益之一分以上生三分所生去其一分以下生黄鐘太呂太蔟夾鐘姑洗仲

一陰一陽迭爲消長所謂隔八相生也

呂蕤賓爲上林鍾夷則南呂無射應鍾爲下大聖至理之世天地之氣合而生風日至則月鍾其風以生十二律仲冬日短至則生黄鍾季冬生大呂孟春生太蔟仲春生夾鍾季春生姑洗孟夏生仲呂仲夏日長至則生蕤賓季夏生林鍾孟秋生夷則仲秋生南呂季秋生無射孟冬生應鍾天地之風氣正則十二律定矣黄鍾之（十一月）月土事無作慎無發蓋以固天閉地陽氣且泄大呂之（十二月）月數將幾終歲且更起而農民無有所

發明十二律人君節宣之政似與各月紀意義同然其詞語變態又立一機軸

使太蔟之月陽氣始生草木繁動令農發土無或失時夾鐘之月寬裕和平行德去刑無或作事以害羣生姑洗之月達道通路溝瀆修利申之此令嘉氣趣至仲呂之月無聚大衆巡勸農事草木方長無攜民心蕤賓之月陽氣在土安壯養俠本朝不靜草木早槁林鐘之月草木盛滿陰將始刑無發大事以將陽氣夷則之月修法飭刑選士厲兵詰誅不義以懷遠方南呂之月蟄蟲入穴趣農收聚無敢懈怠以多爲務無

一歲至于應鍾之月萬物收成故曰民之終事也

射之月疾斷有罪當法勿赦無畱獄訟以亟以

故應鍾之月陰陽不通閉而爲冬修別喪紀審

民所終

音初

三曰夏后氏孔甲田于東陽萯山天大風晦盲孔甲迷惑入于民室主人方乳或曰后來見良日也之子是必大吉或曰不勝也之子是必有殃后乃取其子以歸曰以爲余子誰敢殃之子長成人幕動拆橑斧斫斬其足遂爲守門者孔

黄帝命伶倫作爲律此聲音之所由始帝顓頊作樂以宣八風之氣此聲音之所由宣也此引四方之音以爲音之始殊非正音者歟

甲曰嗚呼有疾命矣夫乃作爲破斧之歌實始爲東音禹行功見塗山之女禹未之遇而巡省南土塗山氏之女乃令其妾待禹于塗山之陽女乃作歌歌曰候人兮猗實始作爲南音周公及召公取風焉以爲周南召南周昭王親將征荆辛餘靡長且多力爲王右還反涉漢梁敗王及蔡公抎於漢中辛餘靡振王北濟又反振蔡公周公乃侯之于西翟實爲長公殷整甲徙宅西河猶思故處實始作爲西音長公繼是音以

人心怒則悲泣喜則歌舞音成于外實化于內荷蕢聞磬聲而知聖人之有心心形于樂不可隱匿也夫見禮

處西山秦繆公取風焉實始作爲秦音有娀氏有二佚女爲之九成之臺飲食必以鼓帝令燕往視之鳴若謚隘二女愛而爭搏之覆以玉筐少選發而視之燕遺二卵北飛遂不反二女作歌一終曰燕燕往飛實始作爲北音凡音者產乎人心者也感於心則蕩乎音音成於外而化乎內是故聞其聲而知其風察其風而知其志觀其志而知其德盛衰賢不肖君子小人皆形於樂不可隱匿故曰樂之爲觀也深矣土弊則

知政聞樂知德故樂愈修而德愈表

草木不長水煩則魚鼈不大世濁則禮煩而樂淫鄭衛之聲桑間之音此亂國之所好衰德之所說流辟誂越慆濫之音出則滔蕩之氣邪慢之心感矣感則百姦眾辟從此產矣故君子反道以修德正德以出樂和樂以成順樂和而民鄉方矣

制樂

四曰欲觀至樂必於至治其治厚者其樂治厚其治薄者其樂治薄亂世則慢以樂矣今室閈

樂所以昭德觀至治必先審樂此一篇之主意下歷叙人君修德之事乃為制樂之本

户牖動天地一室也故成湯之時有穀生於庭昏而生比旦其大拱其吏請卜其故湯退卜者曰吾聞祥者福之先者也見祥而爲不善則福不至妖者禍之先者也見妖而爲善則禍不至於是早朝晏退問疾吊喪務鎮撫百姓三日而穀止故禍兮福之所倚福兮禍之所伏聖人所獨見衆人焉知其極周文王立國八年歲六月文王寢疾五日而地動東西南北不出國郊百吏皆請曰臣聞地之動爲人主也今王寢疾五

日而地動四面不出周郊羣臣皆恐曰請移之文王曰若何其移之也對曰興事動衆以增國城其可以移之乎文王曰不可夫天之見妖也以罰有罪也我必有罪故天以此罰我也今故興事動衆以增國城是重吾罪也不可文王曰昌也請改行重善以移之其可以免乎於是謹其禮秩皮革以交諸侯飭其辭令幣帛以禮豪士頒其爵列等級田疇以賞羣臣無幾何疾乃止文王即位八年而地動已動之後四十三年

收一句有關鎖

宋公一段爲民之心描寫如畫

凡文王立國五十一年而終此文王之所以止殃翦妖也宋景公之時熒惑在心公懼召子韋而問焉曰熒惑在心何也子韋曰熒惑者天罰也心者宋之分野也禍當於君雖然可移於宰相公曰宰相所與治國家也而移死焉不祥子韋曰可移於民公曰民死寡人將誰爲君乎寧獨死子韋曰可移於歲公曰歲害則民饑民饑必死爲人君而殺其民以自活也其誰以我爲君乎是寡人之命固盡已子無復言矣子韋還

此篇發明天人相感之理最爲

走北面載拜曰臣敢賀君天之處高而聽卑君有至德之言三天必三賞君今夕熒惑其徙三舍君延年二十一歲公曰子何以知之對曰有三善言必有三賞熒惑有三徙舍舍行七星星一徙當一年三七二十一臣故曰君延年二十一歲矣臣請伏於陛下以伺候之熒惑不徙臣請死公曰可是夕熒惑果徙三舍

明理

五曰五帝三王之於樂盡之矣亂國之主未嘗

知樂者是常主也夫有天賞得爲主而未嘗得主之實此之謂大悲是正坐於夕室也其所謂正乃不正矣凡生非一氣之化也長非一物之任也成非一形之功也故衆正之所積其福無不及也衆邪之所積其禍無不逮也其風雨則不適其甘雨則不降其霜雪則不時寒暑則不當陰陽失次四時易節人民淫爍不固禽獸胎消不殖草木庳小不滋五穀敗不成其以爲樂也若之何哉故至亂之化君臣相賊長少相殺

一作易

萎缺

父子相恐，弟兄相誣，知交相倒，夫妻相冒，日以相危，失人之紀，心若禽獸，長邪苟利，不知義理。其雲狀有若犬、若馬、若白鵠、若衆車；有其狀若人，蒼衣赤首，不動，其名曰天衡；有其狀若懸釜而赤，其名曰雲旍；有其狀若衆馬以鬬，其名曰滑馬；有其狀若衆植華以長，黄上白下，其名蚩尤之旍。其日有鬬蝕，有倍僪，有暈珥，有不光，有不及景，有衆日竝出，有晝盲，有霄見。其日有薄蝕，有暉珥，有偏盲，有四月竝出，有二月竝見，有小月承大月大月承小月有月餘星有出而無光其星有熒惑有彗星有天棓有天欃有天竹有天英有天干有賊星有鬭星有賓星其氣有上不屬天下不屬地有豐上殺下有若水之波有若山之楫春則黃夏則黑秋則蒼冬則赤其妖孽有生如帶有鬼投其陴有菟生雉雉亦生鴳有螟集其國其音匈匈國有游虵西東馬牛乃言犬彘乃連有狼入于國有人自天降市有舞鴟國有行（一作[illegible]）飛馬有生角雄雞五足有豕（一作豸）生

末後正意既應起語極有關瑣

而彌雞卵多假有社遷處有豕生狗國有此物其主不知驚惶亟革上帝降禍凶災必亟其殘亡死喪殄絶無類流散循饑無日矣此皆亂國之所生也不能勝數盡荊越之竹猶不能書故子華子曰夫亂世之民長短頡啎百疾民多疾癘道多褓繈盲禿傴尪萬怪皆生故亂世之主烏聞至樂不聞至樂其樂不樂

呂氏春秋

第七卷

孟秋紀凡五篇

孟秋

蕩兵一作用兵

振亂

禁塞

懷寵

孟秋涼至賞軍
兵修法贍傷始
肅龝農穀嘗新
收斂備封疆割
地西毋杼

秋金其色白車
服等尚白一以
順天時一以調

呂氏春秋卷七

孟秋紀

七月紀

一曰孟秋之月長日至四旬六日日在翼昏斗中旦畢中則立秋其日庚辛其帝少皞其神蓐收其蟲毛其音商律中夷則其數九其味辛其臭腥其祀門祭先肝涼風至白露降寒蟬鳴鷹乃祭鳥始用行戮天子居總章左个乘戎路駕白駱載白旂衣白衣服白玉食麻與犬其器廉

呂覽七卷

古者天子于秋月振旅治兵因其肅殺之氣至于脩室城郭亦以是月為之順陰氣之閉藏也

以深是月也以立秋先立秋三日太史謁之天子曰某日立秋盛德在金天子乃齋立秋之日天子親率三公九卿諸侯大夫以迎秋於西郊還乃賞軍率武人於朝天子乃命將帥選士厲兵簡練桀雋專任有功以征不義詰誅暴慢以明好惡巡彼遠方是月也命有司修法制繕囹圄具桎梏禁止姦慎罪邪務搏執命理瞻傷察創視折審斷決獄訟必正平戮有罪嚴斷刑天地始肅不可以贏是月也農乃升穀天子嘗新

此亥水之氣所泄

此寅木之氣所積

此巳火之氣所傷

此篇首提有義兵而無偃兵句立柱中分三大段歷歷證發

先薦寢廟命百官始收斂完隄防謹壅塞以備水潦修宫室坿墻垣補城郭是月也無以封侯立大官無割土地行重幣出大使行之是令而凉風至三旬孟秋行冬令則陰氣大勝介蟲敗穀戎兵乃來行春令則其國乃旱陽氣復還五穀不實行夏令則多火災寒熱不節民多瘧疾

蕩兵　一信用兵

一句吸盡一篇之神

二曰古聖王有義兵而無有偃兵兵之所自來者上矣與始有民俱凡兵也者威也威也者力

明仍以此句三結之又前用兵所自來句喚起中復三次接應結前引後變化縱横自是先秦骨脉奇格奇格

也民之有威力性也性者所受於天也非人之所能爲也武者不能革而工者不能移兵所自來者久矣黄炎故用水火矣共工氏固次作難矣五帝固相與争矣遞興廢勝者用事又曰蚩尤作兵蚩尤非作兵也利其械矣未有蚩尤之時民固剥林木以戰矣勝者爲長長則猶不足治之故立君君又不足以治之故立天子天子之立也出於君君之立也出於長長之立也出於争争鬬之所自來者久矣不可禁不可止故

逐句收繳照應血脉流貫不見痕迹

古之賢王有義兵而無有偃兵家無怒笞則豎子嬰兒之有過也立見國無刑罰則百姓之相侵也立見天下無誅伐則諸侯之相暴也立見故怒笞不可偃於家刑罰不可偃於國誅伐不可偃於天下有巧有拙而已矣故古之聖王有義兵而無有偃兵夫有以饐死者欲禁天下之食悖有以乘舟死者欲禁天下之船悖有以用兵喪其國者欲偃天下之兵悖夫兵不可偃也譬之若水火然善用之則爲福不能用之則爲

對諭 句法 博諭

禍若用藥者然得良藥則活人得惡藥則殺人義兵之爲天下良藥也亦大矣且兵之所自來者遠矣未嘗少選不用貴賤長少賢者不肖相與同有巨有微而已矣察兵之微在心而未發兵也疾視兵也作色兵也傲言兵也援推兵也連反兵也侈鬬兵也三軍攻戰兵也此八者皆兵也微巨之爭也今世之以偃兵疾說者終身用兵而不自知悖故說雖彊談雖辯文學雖傳猶不見聽故古之聖王有義兵而無有偃兵兵

通篇只反覆泛論至此始及義兵之利於民

誠義以誅暴君而振苦民（一作弱民）民之說也若孝子之見慈親也若饑者之見美食也民之號呼而走之若彊弩之射於深谿也若積大水而失其壅隄也中主猶若不能有其民而況於暴君乎

振亂

三曰當今之世濁甚矣黔首之苦不可以加矣天子既絕賢者廢伏世主恣行與民相離黔首無所告愬世有賢主秀士宜察此論也則其兵爲義矣天下之民且死者也而生且辱者也而

直諭

直諭

秦以戰伐爲功故此論善攻伐而少救守

榮且苦者也而逸世主恣行則中人將逃其君去其親又況於不肖者乎故義兵至則世主不能有其民矣人親不能禁其子矣凡爲天下之民長也慮莫如長有道而息無道賞有義而罰不義今之世學者多非乎攻伐非攻伐而取救守取救守則鄉之所謂長有道而息無道賞有義而罰不義之術不行矣天下之長民其利害在此察此論也攻伐之與救守一實也而取舍人異以辯說去之終無所定論固不知悖也知

收韓攻無道罰不義意極含蓄

而欺心詐也誣悖之士雖辯無用矣是非其所取而取其所非也是利之而反害之也安之而反危之也爲天下之長患致黔首之大害者若說爲深矣以利天下之民爲心者不可以不熟察此論也夫攻伐之事未有不攻無道而罰不義也攻無道而罰不義則福莫大焉黔首利莫厚焉禁之者是息有道而伐有義也是窮湯武之事而遂桀紂之過也凡人之所以惡爲無道不義者爲其罰也所以蘄（音祁）有道行有義者爲其

此篇專以兵以義動爲主見兵以義攻守無所不可與不義攻守無一可者正大之論足以爲世之暴與不義者戒

賞也今無道不義存存者賞之也而有道行義窮窮者罰之也賞不善而罰善欲民之治也不亦難乎故亂天下害黔首者若論爲大

禁塞

四曰夫救守之心未有不守無道而救不義也守無道而救不義則禍莫大焉爲天下之民害莫深焉凡救守者太上以說其次以兵以說則承從（一作徒）多羣日夜思之事心任精起則誦之臥則夢之自今單脣乾肺費神傷魂上稱三皇五帝

從上意以起下轉折起伏勢不可禦

之業以愉其意下稱五霸名士之謀以信其事早朝晏罷以告制兵者行説語衆以明其道道畢説單而不行則必反之兵矣反之於兵則必鬭爭之情必且殺人是殺無罪之民以興無道與不義者也無道與不義者存是長天下之害而止天下之利雖欲幸而勝禍且始長先王之法曰爲善者賞爲不善者罰古之道也不可易今不別其義與不義而疾取救守不義莫大焉害天下之民者莫甚焉故取攻伐者不可非攻

伐不可取救守不可非救守不可取惟義兵爲可兵苟義攻伐亦可救守亦可兵不義攻伐不可救守不可使夏桀殷紂無道至於此者幸也使吳夫差智伯瑶侵奪至於此者幸也使晉厲陳靈宋康不善至於此者幸也若令桀紂知必國亡身死殄無後類吾未知其厲爲無道之至於此也吳王夫差智伯瑶知必國爲丘墟身爲刑戮吾未知其爲不善無道侵奪之至於此也晉厲知必死於匠麗氏陳靈知必死於夏徵舒

極言民遭暴兵之苦令人悽愴孟子云善戰者服上刑見及此耳

宋康知必死於温吾未知其爲不善之至於此也此七君者大爲無道不義所殘殺無罪之民者不可爲萬數壯佼老幼胎殰之死者大實平原廣堙深谿大谷赴巨水積灰填溝洫險阻犯流矢蹈白刃加之以凍餓饑寒之患以至於今之世爲之愈甚故暴骸骨無量數爲京丘若山陵世有興主仁士深意念此亦可以痛心矣亦可以悲哀矣察此其所自生生於有道者之廢而無道者之恣行夫無道者之恣行幸矣故世

又推開一步以結立言之意

首篇論士之議兵必要于義理後兵之來也救民之生藹然一段愛民之意見于言表

之患不在救守而在於不肖者之幸也救守之說出則不肖者益幸也賢者益疑矣故大亂天下者在於不論其義而疾取救守

懷寵

五曰凡君子之說也非苟辯也士之議也非苟語也必中理然後說必當義然後議故說義而王公大人益好理矣士民黔首益行義矣義理之道彰則暴虐姦詐侵奪之術息也暴虐姦詐之與義理反也其埶不俱勝不兩立故兵入於

民者邦之本也愛其民至于躬民情積民財公好惡斯謂之仁義之矣

敵之境則民知所庇矣黔首知不死矣至於國邑之郊不虐五穀不掘墳墓不伐樹木不燒積聚不焚室屋不取六畜得民虜奉而題歸之以彰好惡信與民期以奪敵資若此而猶有憂恨冒疾遂過不聽者雖行武焉亦可矣先發聲出號曰兵之來也以救民之死子之在上無道据傲荒怠貪戾虐衆恣睢自用也辟遠聖制謷醜先王排訾舊典上不順天下不惠民徵斂無期求索無厭罪殺不辜慶賞不當若此者天之所

誅也人之所讐也不當爲君令兵之來也將以誅不當爲君者也以除民之讐而順天之道也民有逆天之道衛人之讐者身死家戮不救有能以家聽者祿之以家以里聽者祿之以里以鄉聽者祿之以鄉以邑聽者祿之以邑以國聽者祿之以國故克其國不及其民獨誅所誅而已矣舉其秀士而封侯之選其賢良而尊顯之求其孤寡而振恤之見其長老而敬禮之皆益其祿加其級論其罪人而救出之分府庫之金

如武王克商大賚而富善人舉逸民是也自是以後列國惟爭土地而戕民生與道遂解矣呂氏猶知此所謂不可以人廢言也

散倉廩之粟以鎮撫其衆不私其財問其叢社大祠民之所不欲廢者而復興之曲加其祀禮是以賢者榮其名而長老說其禮民懷其德今有人於此能生死一人則天下必爭事之矣義兵之生一人亦多矣人孰不說故義兵至則鄰國之民歸之若流水誅國之民望之若父母行地滋遠得民滋衆兵不接刃而民服其化

呂氏春秋

第八卷

仲秋紀凡五篇

盲風養老餝衣
裳毋枉巡牲麻
犬營城廓趋民
勸種麥平衡擧
大易來商

呂氏春秋卷八

仲秋紀

八月紀

一曰仲秋之月日在角昏牽牛中旦觜觿中其日庚辛其帝少皞其神蓐收其蟲毛其音商律中南呂其數九其味辛其臭腥其祀門祭先肝涼風生候鴈來玄鳥歸羣鳥養羞天子居總章太廟乘戎路駕白駱載白旂衣白衣服白玉食麻與犬其器廉以深是月也養衰老授几杖行

刑者為治之具所以禁民不軌國何可廢必于是月而申嚴之者八月肅殺之氣始於順其氣候也

糜粥飲食。乃命司服具飭衣裳，文繡有常，制有小大，度有短長，衣服有量，必循其故，冠帶有常。命有司申嚴百刑，斬殺必當，無或枉撓。枉撓不當，反受其殃。是月也，乃命宰祝巡行犧牲，視全具，案芻豢，瞻肥瘠，察物色，必比類，量小大，視長短，皆中度。五者備當，上帝其次。次饗。天子乃儺，禦佐疾，以通秋氣。以犬嘗麻，先祭寢廟。是月也，可以築城郭，建都邑，穿竇窌，修囷倉。乃命有司趣民收斂，務蓄菜，多積聚。乃勸種麥，無或失時

雷乃天搏擊之氣陰之精也是月陰之極陽氣潛藏故雷始收

此卯木之氣所應

此午火之氣所傷

此子水之氣所泄

行罪無疑是月也日夜分雷乃始收聲蟄蟲俯戶殺氣浸盛陽氣日衰水始涸日夜分則一度量平權衡正鈞石齊升角是月也易關市來商旅入貨賄以便民事四方來雜遠鄉皆至則財物不匱上無乏用百事乃遂凡舉大事無逆天數必順其時乃因其類行之是令白露降三旬

仲秋行春令則秋雨不降草木生榮國乃有大恐行夏令則其國旱蟄蟲不藏五穀復生行冬令則風災數起收雷先行草木早死

此論兵以義舉則無敵于天下謂之至威戰國之强兵烏足知此

論威

二曰義也者萬事之紀也君臣上下親疏之所由起也治亂安危過勝之所在也過勝之勿求於他必反於已人情欲生而惡死欲榮而惡辱死生榮辱之道一則三軍之士可使一心矣凡軍欲其衆也心欲其一也三軍一心則令可使無敵矣令能無敵者其兵之於天下也亦無敵矣古之至兵民之重令也重乎天下貴乎天子其藏於民心捷於肌膚也深痛執固不可搖蕩

先以仁義素附于民心後不得已而興伐暴之兵故一征而即服此之謂至威如湯武之兵是也

物莫之能動若此則敵胡足勝矣故曰其令疆者其敵弱其令信者其敵詘先勝之於此則必勝之於彼矣凡兵天下之凶器也勇天下之凶德也舉凶器行凶德猶不得已也舉凶器必殺殺所以生之也行凶德必威威所以懾之也敵懾民生此義兵之所以隆也故古之至兵才民未合而威已諭矣敵已服矣豈必用枹鼓干戈哉故善諭威者於其未發也於其未通也窅窅乎冥冥莫知其情此之謂至威之誠凡兵欲急

此舉三事以必死為主而無敵數乃匹夫之勇也不足為至威

疾捷先之道在於知緩徐遲後而急疾捷先之分也急疾捷先此所以決義兵之勝也而不可久處知其不可久處則知所兎起鳧舉死殙之地矣雖有江河之險則凌之雖有大山之塞則陷之幷氣專精心無有慮目無有視耳無有聞一諸武而已矣冉叔誓必死於田侯而齊國皆懼豫讓必死於襄子而趙氏皆恐成荆致死於韓主而周人皆畏又況乎萬乘之國而有所誠必乎則何敵之有矣刃未接而欲

有險阻要塞而不足恃者雖不知疾徐先後之勢亦由仁義之不孚也

已得矣敵人之悼懼憚恐單蕩精神盡矣咸若狂魄形性相離行不知所之走不知所往雖有險阻要塞銛兵利械心無敢據意無敢處此夏桀之所以死於南巢也今以木擊木則拌以水投水則散以冰投冰則沈以塗投塗則陷此疾徐先後之勢也夫兵有大要知謀物之不謀之不禁也則得之矣專諸是也獨手舉劒至而已矣吳王壹成又况乎義兵多者數萬少者數千密其躅路開敵之塗則士豈特與專諸議哉

立意最精確援引最切當

簡選

三曰世有言曰驅市人而戰之可以勝人之厚祿教卒老弱罷民可以勝人之精士練材離散係系可以勝人之行陣整齊劒㮣白挺可以勝人之長鈹利兵此不通乎兵者之論今有利劒於此以刺則不中以擊則不及與惡劒無擇爲是鬬因用惡劒則不可簡選精良兵械銛利發之則不時縱之則不當與惡卒無擇爲是戰因用惡卒則不可王子慶忌陳年猶欲劒之利也

對論

看他節節脫下有自在神力

簡選精良兵械銛利令能將將之古者有以王者有以霸者矣湯武齊桓晉文吳闔廬是矣殷湯良車七十乘必死六千人以戊子戰於郕遂禽移大犧登自鳴條乃入巢門遂有夏桀既奔走於是行大仁慈以恤黔首反桀之事遂其賢良順民所喜遠近歸之故王天下武王虎賁三千人簡車三百乘以要甲子之事於牧野而紂爲禽顯賢者之位進殷之遺老而問民之所欲行賞及禽獸行罰不辟天子親殷如周視人如

巳天下美其德萬民說其義故立爲天子齊桓
公良車三百乘教卒萬人以爲兵首橫行海內
天下莫之能禁南至石梁西至酆郭北至令支
中山亡邢狄人滅衛桓公更立邢於夷儀更立
衛于楚丘晉文公造五兩之士五乘銳卒千人
先以接敵諸侯莫之能難反鄭之埤東衛之畝
尊天子於衡雍吳闔廬選多力者五百人利趾
者三千人以爲前陣與荆戰五戰五勝遂有郢
東征至于庳廬西伐至於巴蜀北迫齊晉令行

四者正簡題之要術雖帝王用兵亦不能廢至末只與勝之一策一句結之以照應題語

與以義知勇三字立柱反覆辨論美無遺策誠知兵之至要也

中國故凡兵勢險阻欲其便也兵甲器械欲其利也選練角材欲其精也統率士民欲其教也此四者義兵之助也時變之應也不可爲而不足專恃此勝之一策也

決勝

四曰夫兵有本幹必義必智必勇義則敵孤獨敵孤獨則上下虛民解落孤獨則父兄怨賢者誹亂內作智則知時化知時化則知虛實盛衰之變知先後遠近縱舍之數勇則能決斷能決

斷則能若雷電飄風暴雨能若崩山破潰別辨實墜若鷙鳥之擊也搏攫則殪中木則碎此以智得也夫民無常勇亦無常怯有氣則實實則勇無氣則虛虛則怯怯勇虛實其由甚微不可不知勇則戰怯則北戰而勝者戰其勇者也戰而北者戰其怯者也怯勇無常儵忽往來而莫知其方惟聖人獨見其所由然故商周以興桀紂以亡巧拙之所以相過以益民氣與奪民氣以能鬬衆與不能鬬衆軍雖大卒雖多無益於

此等議論與孫子篇勢篇意同總識透兵機之的

勝軍大卒多而不能鬭衆不若其寡也夫衆之爲福也大其爲禍也亦大譬之若漁深淵其得魚也大其爲害也亦大善用兵者諸邊之内莫不與鬭雖廝輿白徒方數百里皆來會戰勢使之然也幸也者審於戰期而有以羈誘之也凡兵貴其因也因也者因敵之險以爲已固因敵之謀以爲已事能審因而加勝則不可窮矣勝不可窮之謂神神則能不可勝也夫兵貴不可勝不可勝在已可勝在彼聖人必在已者不必

在彼者故執不可勝之術以遇不勝之敵若此則兵無失矣凡兵之勝敵之失也勝失之兵必隱必微必積必搏隱則勝闡矣微則勝顯矣積則勝散矣搏則勝離矣諸搏攫柢噬之獸其用齒角爪牙也必託於卑微隱蔽此所以成勝

愛士

五曰衣人以其寒也食人以其饑也饑寒人之大害也救之義也人之困窮甚如饑寒故賢主必憐人之困也必哀人之窮也如此則名號顯

中山君云濟不必多寡期于當厄經不論淺深只于傷心故哀人之困窮愛士

之要術此篇歷叙其得士之由意極完足

矣國士得矣昔者秦繆公乘馬而車爲敗右服失而埜人取之見埜人方將食之於岐山之陽繆公歎曰食駿馬之肉而不還飲酒余恐其傷女也於是徧飲而去處一年爲韓原之戰晉人已環繆公之車矣晉梁由靡已扣繆公之左驂矣晉惠公之右路石奮投而擊繆公之甲中之者已六札矣埜人之嘗食馬肉於岐山之陽者三百有餘人畢力爲繆公疾鬬于車下遂大克晉反獲惠公以歸此詩之所謂曰君君子則正

以行其德君賤人則寬以盡其力者也人主其胡可以無務行德人愛人乎愛人則民親其上民親其上則皆樂爲其君死矣趙簡子有兩白騾而甚愛之陽城胥渠處廣門之官夜欵門而謁曰主君之臣胥渠有疾醫教之曰得白騾之肝病則止不得則死謁者入通董安于御於側慍曰譆胥渠也期吾君騾請即刑焉簡子曰夫殺人以活畜不亦不仁乎殺畜以活人不亦仁乎於是召庖人殺白騾取肝以與陽城胥渠處

以人主不可不好士一句脫繳上意有關鎖

又推開一步更有遠神

無幾何趙與兵而攻翟廣門之官左七百人右七百人皆先登而獲甲首人主其胡可以不好士凡敵人之來也以求利也今來而得死且以走爲利敵皆以走爲利則刃無與接故敵得生於我則我得死於敵敵得死於我則我得生於敵夫得生於敵與敵得生於我豈可不察哉此兵之精者也存亡死生決於知此而已矣

呂氏春秋

第九卷

季秋紀凡五篇

季秋

順民

知士

審已凡六篇

精通

鴻雁來賓申號
令冢宰工俻習
享嘗百縣五戎
騶厲餙趨刑牧
緑稻先嘗

呂氏春秋卷九

季秋紀

九月紀

一曰季秋之月日在房昏虚中旦柳中其日庚辛其帝少皡其神蓐收其蟲毛其音商律中無射其數九其味辛其臭腥其祀門祭先肝候鴈來賓爵入大水爲蛤菊有黄華豺則祭獸戮禽天子居總章右个乘戎路駕白駱載白旂衣白衣服白玉食麻與犬其器廉以深是月也申嚴

其說本于周禮考究極其精者

號令命百官貴賤無不務入以會天地之藏無有宣出命冢宰農事備收舉五種之要藏帝籍之收於神倉祇敬必飭是月也霜始降則百工休乃命有司曰寒氣總至民力不堪其皆入室上丁入學習吹是月也大饗帝嘗犧牲告備于天子合諸侯制百縣爲來歲受朔日與諸侯所稅於民輕重之法貢職之數以遠近土地所宜爲度以給郊廟之事無有所私是月也天子乃教於田獵以習五戎狩馬命僕及七騶咸駕載

古者皆于農隙講武事田獵亦講武之一事也故于是月習之

此未土之氣所應

此丑土之氣所應

此辰土之氣所應

旍旐輿受車以級整設于屏外司徒搢扑北嚮以誓之天子乃厲服厲飭執弓操矢以射命主祠祭禽於四方是月也草木黃落乃伐薪爲炭蟄蟲咸俯在穴皆墐其戶乃趣獄刑無留有罪收祿秩之不當者共養之不宜者是月也天子乃以犬嘗稻先薦寢廟季秋行夏令則其國大水冬藏殃敗民多鼽（音求）窒行冬令則國多盜賊邊境不寧土地分裂行春令則暖風來至民氣解墮師旅必興

此論治道係乎民心順民心以出治則民心悅以天意得而治化成故歷叙聖王之事以實之可見順民心者以得天下之驗

順民

二曰先王先順民心故功名成夫以德得民心以立大功名者上世多有之矣失民心而立功名者未之曾有也得民必有道萬乘之國百戶之邑民無有不說取民之所說而民取矣民之所說豈衆哉此取民之要也昔者湯克夏而正天下天大旱五年不收湯乃以身禱於桑林曰余一人有罪無及萬夫萬夫有罪在余一人無以一人之不敏使上帝鬼神傷民之命於是剪

其髮䣊其手以身爲犧牲用祈福於上帝民乃甚說雨乃大至則湯達乎鬼神之化人事之傳也文王處岐事紂冤侮雅遜朝夕必時上貢必適祭祀必敬紂喜命文王稱西伯賜之千里之地文王載拜稽首而辭曰願爲民請炮烙之刑文王非惡千里之地以爲民請炮烙之刑必欲得民心也得民心則賢於千里之地故曰文王智矣越王苦會稽之恥欲深得民心以致必死於吳身不安枕席口不厚甘味目不視靡曼耳

善叙事而語詞更蒼古

不聽鍾鼓三年苦身勞力焦脣乾肺内親羣臣下養百姓以求其心有甘脆不足分弗敢食有酒流之江與民同之身親耕而食妻親織而衣味禁珍衣禁襲色禁二時出行路從車載食以視孤寡老弱之漬病困窮顔色愁悴不贍者必身自食之於是屬諸大夫而告之曰願一與吴徼天下之衷今吴越之國相與俱殘士大夫履肝肺同日而死孤與吴王接頸交臂而僨此孤之大願也若此而不可得也内量吾國不足以

傷吳外事之諸侯不能害之則孤將棄國家釋群臣服劒臂刅變容貌易名姓執箕箒而臣事之以與吳王爭一旦之死孤雖知要領不屬首足異處四枝布裂爲天下戮孤之志必將出焉於是異日果與吳戰於五湖吳師大敗遂大圍王宮城門不守禽夫差戮吳相殘吳二年而霸此先順民心也齊莊子請攻越問於和子和子曰先君有遺令曰無攻越越猛虎也莊子曰雖猛虎也而今已死矣和子曰以告鴞子鴞子曰

首先設喻言士有高節最爲難知而知之必待賢者下援引以明機軸最員融令人醒目

已死矣以爲生故凡舉事必先審民心然後可舉

知士

三曰今有千里之馬於此非得良工猶若弗取良工之與馬也相得則然後成譬之若枹之與鼓夫士亦有千里高節死義此士之千里也能使士待千里者其惟賢者也靜郭君善劑貌辨劑貌辨之爲人也多訾門人弗說士尉以證靜郭君靜郭君弗聽士尉辭而去孟嘗君竊以諫

呂氏以劑貌辨趋患難以報君誠不然也盖貌辨審度宣王可以言語説而不可以智力爭也觀其往見之言莫非滑稽之術未聞以道義之

靜郭君靜郭君大怒曰剗而類揆吾家苟可以慊劑貌辨者吾無辭爲也於是舍之上舍令長子御朝暮進食數年威王薨宣王立靜郭君之交大不善於宣王辭而之薛與劑貌辨俱留無幾何劑貌辨辭而行請見宣王靜郭君曰王之不説嬰也甚公往必得死焉劑貌辨曰固非求生也請必行靜郭君不能止劑貌辨行至於齊宣王聞之藏怒以待之劑貌辨見宣王曰子靜郭君之所聽愛也劑貌辨荅曰愛則有之聽則

言開悟王心也

無有王方爲太子之時辨謂靜郭君曰太子之不仁過順涿視若是者倍反不若華太子更立衛姬嬰兒校師靜郭君泫泣而曰不可吾弗忍爲也且靜郭君聽辨而爲之也必無今日之患也此爲一也至於薛昭陽請以數倍之地易薛辨又曰必聽之靜郭君曰受薛於先王雖惡於後王吾獨謂先王何乎且先王之廟在薛吾豈可以先王之廟予楚乎又不肯聽辨此爲二也宣王太息動於顏色曰靜郭君之於寡人一至

通篇設喻提明正意文極活潑

此乎寡人少殊不知此客肯爲寡人少來靜郭君乎劑貌辨荅曰敬諾靜郭君來衣威王之服冠其冠帶其劒宣王自迎靜郭君於郊望之而泣靜郭君至因請相之靜郭君辭不得已而受十日謝病彊辭三日而聽當是時也靜郭君可謂能自知人矣能自知人故非之弗爲阻此劑貌辨之所以外生樂趨患難故也

審已

四曰凡物之然也必有故而不知其故雖當與

列子不知所以中射魯侯不知所以求愚齋王越王不知所以亡國反覆引證總用以字為骨故字亦以字義

不知同其卒必困先王名士達師之所以過俗者以其知也水出於山而走於海水非惡山而欲海也高下使之然也稼生於野而藏於倉稼非有欲也人皆以之也故子路揜雉而復釋之

子列子嘗射中矣請之於關尹子關尹子曰知子之所以中乎答曰弗知也關尹子曰未可退而習之三年又請關尹子曰子知子之所以中乎子列子曰知之矣關尹子曰可矣守而勿失非獨射也國之存也國之亡也身之賢也身之

韓非子載齊所聽以請受者乃樂正子春也其事則同

不肖也亦皆有以聖人不察存亡賢不肖而察其所以也齊攻魯求岑鼎魯君載他鼎以往齊侯弗信而反之爲非使人告魯侯曰柳下季以爲是請因受之魯君請於柳下季柳下季答曰君之賂以欲岑鼎也以免國也臣亦有國於此破臣之國以免君之國此臣之所難也於是魯君乃以眞岑鼎往也且柳下季可謂此能說矣非獨存巳之國也又能存魯君之國齊湣王亡居於衛晝日步足謂公玉冊曰我巳亡矣而不

句法

知其故吾所以亡者果何故哉我當已公玉冊答曰臣以王爲已知之矣王故尚未之知耶王之所以亡也者以賢也天下之王皆不肖而惡王之賢也因相與合兵而攻王此王之所以亡也湣王慨焉太息曰賢固若是其苦耶此亦不知其所以也此公玉冊之所以過也越王授有子四人越王之弟曰豫欲盡殺之而爲之後惡其三人而殺之矣國人不說大非上又惡其一人而欲殺之越王未之聽其子恐必死因國人

以見精神通于民心而民心應捷如影響首以辟喻提起正意下歷引以證之

之欲逐豫圍王宮越王太息曰余不聽豫之言以罹此難也亦不知所以亡也

精通

五曰人或謂兎絲無根兎絲非無根也其根不屬也伏苓是慈石召鐵或引之也樹相近而靡或軵之也聖人南面而立以愛利民爲心號令未出而天下皆延頸舉踵矣則精通乎民也夫賊害於人人亦然今夫攻者砥厲五兵侈衣美食發且有日矣所被攻者不樂非或聞之也神

日月久照而萬物遂聖人德施而萬民化其理一也

節節叙事錯以議論

者先告也身在乎秦所親愛在於齊疚而志氣不安精或往來也德也者萬民之宰也月也者群陰之本也月望則蚌蛤實群陰盈月晦則蚌蛤虛群陰虧夫月形乎天而群陰化乎淵聖人形德乎己而四荒咸飭乎仁養由基射先中石矢乃飲羽誠乎先也伯樂學相馬所見無非馬者誠乎馬也宋之庖丁好解牛所見無非死牛者三年而不見生牛用刀十九年刃若新劘研順其理誠乎牛也鍾子期夜聞擊磬者而悲使

呂氏每引故事必精透題旨且議論痛快真令人不可移易者

人召而問之曰子何擊磬之悲也答曰臣之父不幸而殺人不得生臣之母得生而爲公家爲酒臣之身得生而爲公家擊磬臣不覩臣之母三年矣昔爲舍氏覩臣之母量所以贖之則無有而身固公家之財也是故悲也鍾子期歎嗟曰悲夫悲夫心非臂也臂非椎非石也悲存乎心而木石應之故君子誠乎此而諭乎彼感乎已而發乎人豈必彊說乎哉周有申喜者亡其母聞乞人歌於門下而悲之動於顏色謂門者

句法

内乞人之歌者自覺而問焉曰何故而乞與之
語葢其母也故父母之於子也子之於父母也
一體而兩分同氣而異息若草莽之有華實也
若樹木之有根心也雖異處而相通隱志相及
痛疾相救憂思相感生則相歡死則相哀此之
謂骨肉之親神出於忠而應乎心兩精相得豈
待言哉

呂氏春秋

第十卷

孟冬紀凡五篇

三九〇

水水豪党始成
冬謹蓋藏封飭
效工大飲天宗
並講武水虞收
賦孟冬終

呂氏春秋卷十

孟冬紀

十月紀

一曰孟冬之月日在尾昏危中旦七星中其日壬癸其帝顓頊其神玄冥其蟲介其音羽律中應鍾其數六其味鹹其臭朽其祀行祭先腎水始冰地始凍雉入大水爲蜃虹藏不見天子居玄堂左个乘玄輅駕鐵驪載玄旂衣黑衣服玄玉食黍與彘其器宏以弇是月也以立冬先立

六陰極于上而一陽将萌于下乃天地閉藏之候也故順時行政亦以斂藏為主

冬三日太史謁之天子曰某日立冬盛德在水天子乃齋立冬之日天子親率三公九卿大夫以迎冬於北郊還乃賞死事恤孤寡是月也命太卜禱祠龜策占兆審卦吉凶於是察阿上亂法者則罪之無有揜蔽是月也天子始裘命有司曰天氣上騰地氣下降天地不通閉而成冬令百官謹蓋藏命司徒循行積聚無有不斂坿城郭戒門閭修楗閉慎關籥固封璽備邊境完要塞謹關梁塞蹊徑飭喪紀辨衣裳審棺槨之

始收成也而即祈來年于天宗見王者藹然一段爲民之心

厚薄營丘壟之小大高卑厚薄之度貴賤之等級是月也工師效功陳祭器按度程無或作爲淫巧以蕩上心必功致爲上物勒工名以考其誠工有不當必行其罪以窮其情是月也大飲蒸天子乃祈來年于天宗大割牲祠於公社及門閭饗禱祖五祀勞農夫以休息之天子乃命將率講武肄射御角力是月也乃命水虞漁師收水泉池澤之賦無或敢侵削衆庶兆民以爲天子取怨於下其有若此者行罪無赦孟冬行

此寅木之氣所泄

此巳火之氣所損

此申金之氣所淫

春令則凍閉不寄地氣發泄民多流亡行夏令則國多暴風方冬不寒蟄蟲復出行秋令則雪霜不時小兵時起土地侵削

節喪

二曰審知生聖人之要也審知死聖人之極也知生也者不以害生養生之謂也知死也者不以害死安死之謂也此二者聖人之所獨决也凡生於天地之間其必有死所不免也孝子之重其親也慈親之愛其子也痛於肌骨性也所

先王之制葬禮也因分盡禮緦禮盡情莫不有制度品節以要于中古制已湮流弊至于後有殉葬以賢人歛以金玉如秦漢尤甚呂氏此論殆目擊時弊而致警戒之詞也

重所愛死而棄之溝壑人之情不忍爲也故有葬死之義葬也者藏也慈親孝子之所慎也慎之者以生人之心慮以生人之心爲死者慮也莫如無動莫如無發無發無動莫如無有可利則此之謂重閉古之人有藏於廣野深山而安者矣非珠玉國寶之謂也葬不可不藏也葬淺則狐貍抇之深則及於水泉故凡葬必於高陵之上以避狐貍之患水泉之濕此則善矣而忘姦邪盜賊寇亂之難豈不惑哉譬之若瞽師之

避柱也避柱而疾觸杙也狐貍水泉姦邪盜賊寇亂之患此杙之大者也慈親孝子避之者得葬之情矣善棺槨所以避螻蟻蛐蟲也今世俗大亂之主愈侈其葬則心非爲乎死者慮也生者以相矜尚也侈靡者以爲榮儉節者以爲陋不以便死爲故而徒以生者之誹譽爲務此非慈親孝子之心也父雖死孝子之重之不怠子雖死慈親之愛之不懈夫葬所愛所重而以生者之所甚欲其以安之也若之何哉民之於利

論厚葬之弊深入至隱見非徒無益而反害之是為侈靡之戒

也犯流矢蹈白刃涉血盩肝以求之野人之無聞者忍親戚兄弟知交以求利今無此之危無此之醜其為利甚厚乘車食肉澤及子孫雖聖人猶不能禁而況於亂國彌大家彌富葬彌厚含珠鱗施夫玩好貨寶鍾鼎壺濫轝馬衣被戈劒不可勝其數諸養生之具無不從者題湊之室棺槨數襲積石積炭以環其外姦人聞之傳以相告上雖以嚴威重罪禁之猶不可止且死者彌久生者彌疏生者彌疏則守者彌怠守者

歷叙埋葬不節之弊以客形主麈賓相生而盡

彌怠而葬䊷如故其勢固不安矣世俗之行喪載之以大輴羽旄旌旗如雲僂翣以督之珠玉以佩之黼黻文章以飾之引紼者左右萬人以行之以軍制立之然後可以此觀世則美矣侈矣以此爲死則不可也苟便於死則雖貧國勞民若慈親孝子者之所不辭爲也

安死

三曰世之爲丘壟也其高大若山其樹之若林其設闕庭爲宫室造賔阼也若都邑以此觀世

利害

示富則可矣以此爲死則不可也夫死其視萬歲猶一瞚也人之壽久之不過百中壽不過六十以百與六十爲無窮者之慮其情必不相當矣以無窮爲死者之慮則得之矣今有人於此爲石銘置之壟上曰此其中之物具珠玉玩好財物寶器甚多不可不抇抇之必大富世世乘車食肉人必相與笑之以爲大惑世之厚葬也有似於此自古及今未有不亡之國也無不亡之國者是無不抇之墓也以耳目所聞見齊荆

燕嘗亡矣宋中山已亡矣趙魏韓皆亡矣其皆故國矣自此以上者亡國不可勝數是故大墓無不抇也而世皆争爲之豈不悲哉君之不令民父之不孝子兄之不悌弟皆鄉里之所釜鬲者而逐之憚耕稼採薪之勞不肯官人事而祈美衣侈食之樂智巧窮屈無以爲之於是乎聚群多之徒以深山廣澤林藪扑擊遏奪又視名丘大墓葬之厚者求舍便居以微抇之日夜不休必得所利相與分之夫有所愛所重而令姦

邪盜賊寇亂之人卒必辱之此孝子忠臣親父交友之大事堯葬於穀林通樹之舜葬於紀市不變其肆禹葬於會稽不變人徒是故先王以儉節葬死也非愛其費也非惡其勞也以爲死者慮也先王之所惡惟死者之辱也發則必辱儉則不發故先王之葬必儉必合必同何謂合何謂同葬於山林則合乎山林葬於阪隰則同乎阪隰此之謂愛人夫愛人者衆知愛人者寡故宋未亡而東冢扣齊未亡而莊公冢扣國安

寧而猶若此又况百世之後而國已亡乎故孝子忠臣親父交友不可不察於此也夫愛之而反危之其此之謂乎詩曰不敢暴虎不敢馮河人知其一莫知其他此言不知鄰類也故反以相非反以相是其所非方其所是也其所是方其所非也是非未定而喜怒鬬爭反爲用矣吾不非鬬不非爭而非所以鬬非所以爭故凡鬬爭者是非已定之用也今多不先定其是非而先疾鬬爭此惑之大者也魯季孫有喪孔子往

以古人非無寶二句立柱層層透發波浪叠生若海外珍錯然

弔之入門而左從客也主人以璵璠收孔子徑庭而趨歷級而上曰以寶玉收譬之猶暴骸中原也徑庭歷級非禮也雖然以救過也

異寶

四曰古之人非無寶也其所寶者異也孫叔敖疾將死戒其子曰王數封我矣吾不受也爲我死王則封汝必無受利地楚越之間有寢之丘者此其地不利而名甚惡荆人畏鬼而越人信機可長有者其唯此也孫叔敖死王果以美地

越王之念范蠡文公之念介子推伍員之念江上丈人求之莊莊望之落落高士每每如此

封其子而子辭請寢之丘故至今不失孫叔敖之知知不以利爲利矣知以人之所惡爲已之所喜此有道者之所以異乎俗也五員亡荆急求之登太行而望鄭曰蓋是國也地險而民多知其主俗主也不足與舉去鄭而之許見許公而問所之許公不應東南嚮而唾五員載拜受賜曰知所之矣因如吳過於荆至江上欲涉見一丈人刺小舡方將漁從而請焉丈人渡之絶江問其名族則不肯告解其劒以予丈人曰此

千金之劒也願獻之丈人丈人不肯受曰荆國之法得五員者爵執圭祿萬擔金千鎰昔者子胥過吾猶不取今我何以子之千金劒爲乎五員過於吳使人求之江上則不能得也每食必祭之祝曰江上之丈人天地至大矣至衆矣將奚不有爲也而無以爲爲矣而無以爲之名不可得而聞身不可得而見其惟江上之丈人乎宋之野人耕而得玉獻之司城子罕子罕不受野人請曰此野人之寶也願相國爲之賜而受

韓非子引此語解老子貴不欲不貴難得之貨

其知彌精二句結賢者其知彌觕二句結兒子鄙人

之也子罕曰子以玉爲寶我以不受爲寶故宋國之長者曰子罕非無寶也所寶者異也今以百金與摶黍以示兒子兒子必取摶黍矣以和氏之璧與百金以示鄙人鄙人必取百金矣以和氏之璧道德之至言以示賢者賢者必取至言矣其知彌精其所取彌精其知彌觕其所取彌觕

異用

五曰萬物不同而用之於人異也此治亂存亡

死生之原，故國廣巨，兵彊富，未必安也；尊貴高大，未必顯也，在於用之。桀紂用其材而以成其亡，湯武用其材而以成其王。湯見祝網者置四面，其祝曰：「從天墜者，從地出者，從四方來者，皆離吾網。」湯曰：「嘻！盡之矣。非桀其孰爲此也？」湯收其三面，置其一面，更教祝曰：「昔蛛蝥作網罟，今之人學紓。欲左者左，欲右者右，欲高者高，欲下者下，吾取其犯命者。」漢南之國聞之曰：「湯之德及禽獸矣。」四十國歸之。人置四面，未必得鳥；湯去其三面置其一面以網其四十國非徒網鳥也周文王使人扣池得死人之骸吏以聞於文王文王曰更葬之吏曰此無主矣文王曰有天下者天下之主也有一國者一國之主也今我非其主也遂令吏以衣棺更葬之天下聞之曰文王賢矣澤及髊骨又况於人乎或得寶以危其國文王得朽骨以喻其意故聖人於物也無不材孔子之弟子從遠方來者孔子荷杖而問之曰子之公不有恙乎搏杖而揖之問曰子之

父母不有恙乎置杖而問曰子之兄弟不有恙乎杖步而倍之問曰子之妻子不有恙乎故孔子以六尺之杖諭貴賤之等辨疏親之義又况於以尊位厚禄乎古之人貴能射也以長幼養老也今之人貴能躲也以攻戰侵奪也其細者以劫弱暴寡也以遏奪爲務也仁人之得飴以養疾侍老也跖與企足得飴以開閉取楗也

呂氏春秋

第十一卷

仲冬紀凡五篇

地圻土泄命奄
首祈祀名源詰
不收數澤諸生
薹結草羅官伐
木闕迂幽
建子之月一陽
初動萬物始生
故日中于南方
為生物之景律
中黃鐘為聲氣
之元

呂氏春秋卷十一

仲冬紀

十一月紀

一曰仲冬之月日在斗昏東壁中旦軫中其日壬癸其帝顓頊其神玄冥其蟲介其音羽律中黃鐘其數六其味鹹其臭朽其祀行祭先腎冰益壯地始坼鶡鴠不鳴虎始交天子居玄堂太廟乘玄輅駕鐵驪載玄旂衣黑衣服玄玉食黍與彘其器宏以弇命有司曰土事無作無發蓋

周禮仲冬大閱此云無起大衆何與禮悖蓋是時王室衰而典禮廢故立法如此

藏無起大衆以固而閉發葢藏起大衆地氣且泄是謂發天地之房諸蟄則死民多疾疫又隨以喪命之曰暢月是月也命閹尹申宮令審門閭謹房室必重閉省婦事毋得淫雖有貴戚近習無有不禁乃命大酋秫稻必齊麴蘗必時湛饎必潔水泉必香陶氣必良火齊必得兼用六物大酋監之無有差忒天子乃命有司祈祀四海大川名原淵澤井泉是月也農有不收藏積聚者牛馬畜獸有放佚者取之不詰山林藪澤

以午火之氣所克
以酉金之氣所克

有能取疏食田獵禽獸者野虞教導之其有侵奪者罪之不赦是月也日短至陰陽争諸生蕩君子齋戒處必弇身欲寧去聲色禁嗜慾安形性事欲静以待陰陽之所定芸始生荔挺出蚯蚓結麋角解水泉動日短至則伐林木取竹箭是月也可以罷官之無事者去器之無用者塗闕庭門閭築囹圄此所以助天地之閉藏也仲冬行夏令則其國乃旱氣霧冥冥雷乃發聲行秋令則天時雨汁瓜瓠不成國有大兵行春令

此邪木之氣所泄

文詞委婉語氣悽愴令人嗚咽

則蟲螟爲敗水泉減竭民多疾癘

至忠

二曰至忠逆於耳倒於心非賢主其孰能聽之故賢主之所說不肖主之所誅也人主無不惡暴劫者而日致之惡之何益今有樹於此而欲其美也人時灌之則惡之而日伐其根則必無活樹矣夫惡聞忠言乃自伐之精者也荆莊哀王獵於雲夢射隨兕中之申公子培劫王而奪之王曰何其暴而不敬也命吏誅之左右大夫

隨兕之凶不著于前而著于子培弟之言内此記事之法

皆進諫曰子培賢者也又爲王百倍之臣此必有故願察之也不出三月子培疾而死荆興師戰於兩棠大勝晉歸而賞有功者申公子培之弟進請賞於軍旅曰臣兄之有功也於車下王曰何謂也對曰臣之兄犯暴不敬之名觸死亡之罪於王之側其愚心將以忠於君王之身而持千歲之壽也臣之兄嘗讀故記曰殺隨兕者不出三月是以臣之兄驚懼而爭之故伏其罪而死王令人發平府而視之於故記果有乃厚

賞之申公子培其忠也可謂穆行矣穆行之意人知之不爲勸人不知不爲沮行無高乎此矣

齊王疾痏使人之宋迎文摯文摯至視王之疾謂太子曰王之疾必可已也雖然王之疾已則必殺摯也太子曰何故文摯對曰非怒王則疾不可治怒王則摯必死太子頓首彊請曰苟已王之疾臣與臣之母以死争之於王王必幸臣與臣之母願先生之勿患也文摯曰諾請以死爲王與太子期而將往不當者三齊王固已怒

文摯明知怒王必死而復蹈之者亦士爲知已者死也

英氣凜凜
敘事如覩

矣文摯至不解屨登牀履王衣問王之疾王怒而不與言文摯因出辭以重怒王王叱而起疾乃遂已王大怒不說將生烹文摯太子與王后急爭之而不能得果以鼎生烹文摯爨之三日三夜顏色不變文摯曰誠欲殺我則胡不覆之以絶陰陽之氣王使覆之文摯乃死夫忠於治世易忠於濁世難文摯非不知活王之疾而身獲死也爲太子行難以成其義也

忠廉

首提士之不忠不廉以起下忠廉之士生死狥國世所難得者

三曰士議之不可辱者大之也大之則尊於富貴也利不足以虞其意矣雖名爲諸侯實有萬乘不足以挺其心矣誠辱則無爲樂生若此人也有勢則必不自私矣處官則必不爲汙矣將衆則必不撓北矣忠臣亦然苟便於主利於國無敢辭違殺身出生以狥之國有士若此則可謂有人矣若此人者固難得其患雖得之有不智吴王欲殺王子慶忌而莫之能殺吴王患之要離曰臣能之吴王曰汝惡能乎吾嘗以六馬

要離刺客之流耳何以語忠廉此引以見舍生取義臨賞而不嗜利謂之忠廉者亦策士之見未知夫義也

逐之江上矣而不能及射之矢左右滿把而不能中今汝拔劒則不能舉臂上車則不能登軾汝惡能要離曰士患不勇耳奚患不能王誠能助臣請必能吳王曰諾明旦加要離罪焉摯執妻子焚之而揚其灰要離走往見王子慶忌於衛王子慶忌喜曰吳王之無道也子之所見也諸侯之所知也今子得免而去之亦善矣要離與王子慶忌居有間謂王子慶忌曰吳之無道也愈甚請與王子往奪之國王子慶忌曰善

乃與要離俱涉於江中江拔劒以刺王子慶忌
王子慶忌捽之投之於江浮則又取而投之如
此者三其卒曰汝天下之國士也幸汝以成而
名要離得不死歸於吳吳王大説請與分國要
離曰不可臣請必死吳王止之要離曰夫殺妻
子焚之而揚其灰以便事也臣以爲不仁夫爲
故主殺新主臣以爲不義夫捽而浮乎江三入
三出特王子慶忌爲之賜而不殺耳臣已爲辱
矣夫不仁不義又且已辱不可以生吳王不能

弘演殺身殉君卒至存國其激烈之志高出人一等惜當懿公無道之時未聞弘演之忠諫至

止果伏劍而死要離可謂不爲賞動矣故臨大利而不易其義可謂廉矣廉故不以貴富而忘其辱衛懿公有臣曰弘演有所於使翟人攻衛其民曰君之所予位祿者鶴也所貴富者宮人也君使宮人與鶴戰余焉能戰遂潰而去翟人至及懿公於榮澤殺之盡食其肉獨捨其肝弘演至報使於肝畢呼天而啼盡哀而止曰臣請爲襮因自殺先出其腹實内懿公之肝桓公聞之曰衛之亡也以爲無道也今有臣若此不可

于死而殺身何益哉

首提四句爲綱接分四句引證結應爲目整然有度亦是一格

不存於是復立衛於楚丘弘演可謂忠矣殺身出生以狥其君非徒狥其君也又令衛之宗廟復立祭祀不絕可謂有功矣

當務

四曰辯而不當論信而不當理勇而不當義法而不當務惑而乘驥也狂而操吳干將也大亂天下者必此四者也所貴辯者爲其由所論也所貴信者爲其遵所理也所貴勇者爲其行義也所貴法者爲其當務也跖之徒問於跖曰盜

此言辯而不當論不如無辯

有道乎跖曰奚啻其有道也夫妄意關內中藏聖也入先勇也出後義也知時智也分均仁也不通此五者而能成大盜者天下無有備說非六王五霸以爲堯有不慈之名舜有不孝之行禹有淫湎之意湯武有放殺之事五霸有暴亂之謀世皆譽之人皆諱之惑也故死而操金椎以葬曰下見六王五霸將毅其頭矣辯若此不如無辯楚有直躬者其父竊羊而謁之上上執而將誅之直躬者請代之將誅矣告吏曰父竊

此言信而不當理不若無信

此言勇而不當義不如無勇

羊而謁之不亦信乎父誅而代之不亦孝乎信且孝而誅之國將有不誅者乎荆王聞之乃不誅也孔子聞之曰異哉直躬之爲信也一父而載取名焉故直躬之信不若無信齊之好勇者其一人居東郭其一人居西郭卒然相遇於塗曰姑相飲乎觴數行曰姑求肉乎一人曰子肉也我肉也尚胡革求肉而爲於是具染而已因抽刀而相啖至死而止勇若此不若無勇紂之同母三人其長曰微子啓其次曰中衍其次曰

以言法而不當務不若無法

智者燭于未形明者動于幾先此古今一揆也旨以此立綜後段直楷其事以

受德受德乃紂也甚少矣紂母之生微子啓與中衍也尚爲妾巳而爲妻而生紂紂之父紂之母欲置微子啓以爲太子太史攄法而争之曰有妻之子而不可置妾之子紂故爲後用法若此不若無法

長見

五曰智所以相過以其長見與短見也今之於古也猶古之於後世也今之於後世亦猶今之於古也故審知今則可知古知古則可知後古

完正意妙處在逐段變換

荆文王以利害先見者

今前後一也故聖人上知千歲下知千歲也荆文王曰莧譆數犯我以義遠我以禮與處則不安曠之而不穀得焉不以吾身爵之後世有聖人將以非不穀於是爵之五大夫申侯伯善持養吾意吾所欲則先我爲之與處則安曠之而不穀喪焉不以吾身遠之後世有聖人將以非不穀於是送而行之申侯伯如鄭阿鄭君之心先爲其所欲三年而知鄭國之政也五月而鄭人殺之是後世之聖人使文王爲善於上世也

師曠以音響先見者

二公以流弊先見者

晉平公鑄爲大鐘使工聽之皆以爲調矣師曠曰不調請更鑄之平公曰工皆爲調矣師曠曰後世有知音者將知鐘之不調也臣竊爲君恥之至於師涓而果知鐘之不調也是師曠欲善調鐘以爲後世之知音者也呂太公望封於齊周公旦封於魯二君者甚相善也相謂曰何以治國太公望曰尊賢上功周公旦曰親親上恩太公望曰魯自此削矣周公旦曰魯雖削有齊者亦必非呂氏也其後齊日以大至於霸二十

吴起以情理先見者

四世而田成子有齊國魯公以削至於覲存三十四世而亡吴起治西河之外王錯譖之於魏武侯武侯使人召之吴起至於岸門止車而望西河泣數行而下其僕謂吴起曰竊觀公之意視釋天下若釋躧今去西河而泣何也吴起抿泣而應之曰子不識君知我而使我畢能西河可以王今君聽讒人之議而不知我西河之爲秦取不久矣魏從此削矣吴起果去魏入楚有閒西河畢入秦秦日益大此吴起之所先見而

泣也魏公叔痤疾惠王往問之曰公叔之疾嗟疾甚矣將奈社稷何公叔對曰臣之御庶子鞅願王以國聽之也爲不能聽勿使出境王不應出而謂左右曰豈不悲哉以公叔之賢而今謂寡人必以國聽鞅悖也夫公叔死公孫鞅西遊秦秦孝公聽之秦果用彊魏果用弱非公叔痤之悖也魏王則悖也夫悖者之患固以不悖爲悖

公叔痤以事秋先見者

猶昏君態度如畫